KB200088

BKC 강해 주석 28
디도서·빌레몬서·히브리서·야고보서

The Bible Knowledge Commentary

BKC 강해 주석 28

디도서·빌레몬서·히브리서·야고보서

지은이 | 두안 리트핀 외 3인   옮긴이 | 김운성 외
개정2판 1쇄 발행 | 2016. 6. 13

등록번호 | 제1988-000080호
등록된 곳 | 서울특별시 용산구 서빙고로 65길 38
발행처 | 사단법인 두란노서원
영업부 | 2078-3333   FAX 080-749-3705
출판부 | 2078-3332

▌책값은 뒤표지에 있습니다.
ISBN 978-89-531-2573-5 04230
(set) 978-89-531-2540-7 04230

▌독자의 의견을 기다립니다.
tpress@duranno.com   http://www.Duranno.com

▌이 책의 성경 본문은 개역개정판을 사용했습니다.

두란노서원은 바울 사도가 3차 전도여행 때 에베소에서 성령 받은 제자들을 따로
세워 하나님의 말씀으로 양육하던 장소입니다. 사도행전 19장 8~20절의 정신에
따라 첫째 목회자를 돕는 사역과 평신도를 훈련시키는 사역, 둘째 세계선교(TIM)와
문서선교(단행본·잡지) 사역, 셋째 예수문화 및 경배와 찬양 사역, 그리고 가정·상담 사역
등을 감당하고 있습니다. 1980년 12월 22일에 창립된 두란노서원은 주님 오실 때까지 이
사역들을 계속할 것입니다.

BKC 강해 주석 28

디도서·빌레몬서
히브리서·야고보서

두안 리트핀 외 3인 지음 | 김운성 외 옮김

두란노

CONTENTS

빌레몬서

히브리서

야고보서

Παῦλος δοῦλος θεοῦ, ἀπόστολος δὲ Ἰησοῦ Χριστοῦ κατὰ πίστιν ἐκλεκτῶν
θεοῦ καὶ ἐπίγνωσιν ἀληθείας τῆς κατ᾽ εὐσέβειαν
ἐπ᾽ ἐλπίδι ζωῆς αἰωνίου, ἣν ἐπηγγείλατο ὁ ἀψευδὴς θεὸς πρὸ χρόνων
αἰωνίων
ἐφανέρωσεν δὲ καιροῖς ἰδίοις τὸν λόγον αὐτοῦ ἐν κηρύγματι, ὃ ἐπιστεύθην
ἐγὼ κατ᾽ ἐπιταγὴν τοῦ σωτῆρος ἡμῶν θεοῦ

The Bible Knowledge
Commentary 28

Titus
서론

The Bible Knowledge
Commentary

서론

디도는 본래 이방인으로서 기독교로 개종해(갈 2:3) 바울과 함께 여행하
며 바울을 도와 동역한 사람이었다(갈 2:1~3). 디도는 고린도교회가 여
러 문제로 복잡할 당시 신실한 일꾼으로서 봉사하기도 했다(고후 7:6~7;
8:6, 16).

AD 63~64년경 디모데를 에베소에 머물게 한 바울과 디도는 그레데
를 방문했다. 그레데에 잠시 머문 후 바울은 그레데의 교회를 지도하도록
디도를 남겨 두고 떠났다(1:5). 그 후 바울은 이 서신을 써서 디도에게 보
내게 된 것이다. 그러나 본 서신이 기록된 정확한 시기와 장소는 알 수 없
다(목회 서신의 저자와 연대에 대해 더 자세히 알기 위해서는 디모데전서
주해의 서론을 참조하라).

디도서의 목적은 디도에게 그레데교회에서 그가 무엇을 해야 하며 무
엇을 가르쳐야만 하는가를 보여 주려는 것이다. 디도서의 한 가지 독특한
주제는 하나님의 백성 가운데서 경건한 일을 이루시는 은혜의 역사에 관
한 것이다(2:11~3:11).

바울은 겨울 동안 니고볼리에서 디도와 다시 재회하기를 원했는데
(3:12), 이 소원이 이루어졌는지 여부는 알 길이 없다. 바울에 의하면 디도

는 최후에 달마디아(오늘의 유고슬라비아, 딤후 4:10)로 간 것으로 되어 있다. 전승에 의하면 디도는 다시 그레데로 돌아와서 마지막까지 그곳에서 교회를 섬겼다고 한다.

The Bible Knowledge
Commentary

개요

V. 경건한 일을 이루시는 은혜의 역사(2:11~3:11)

    A. 은혜의 양육하심(2:11~14)
    B. 은혜로 말미암는 은혜로운 행위들(2:15~3:2)
    C. 은혜를 통한 경건한 삶(3:3~8)
    D. 은혜로 말미암지 않은 행위들(3:9~11)

VI. 마지막 교훈과 인사(3:12~15)

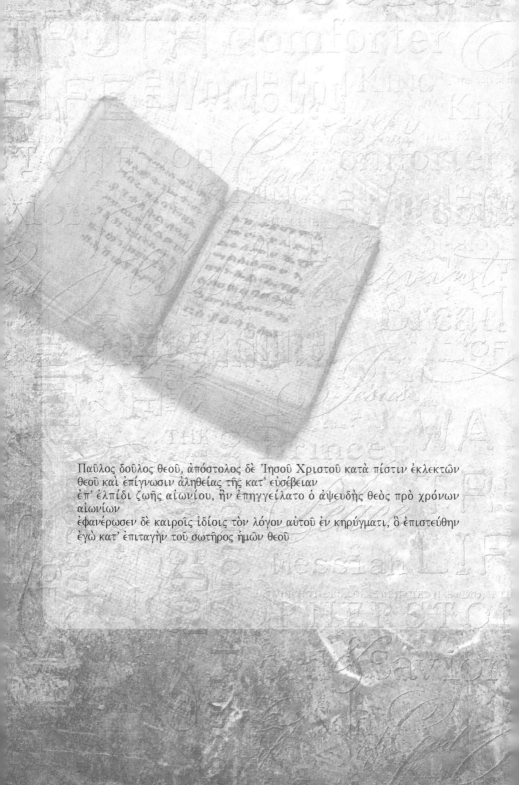

Παῦλος δοῦλος θεοῦ, ἀπόστολος δὲ Ἰησοῦ Χριστοῦ κατὰ πίστιν ἐκλεκτῶν
θεοῦ καὶ ἐπίγνωσιν ἀληθείας τῆς κατ᾽ εὐσέβειαν
ἐπ᾽ ἐλπίδι ζωῆς αἰωνίου, ἣν ἐπηγγείλατο ὁ ἀψευδὴς θεὸς πρὸ χρόνων
αἰωνίων
ἐφανέρωσεν δὲ καιροῖς ἰδίοις τὸν λόγον αὐτοῦ ἐν κηρύγματι, ὃ ἐπιστεύθην
ἐγὼ κατ᾽ ἐπιταγὴν τοῦ σωτῆρος ἡμῶν θεοῦ

The Bible Knowledge Commentary 28

Titus
주해

The Bible Knowledge
Commentary

주해

I. 문안(1:1~4)

1:1 서두에서 바울은 자신을 하나님의 종으로 소개한다. 바울이 '그리스도 예수의 종'으로 자처하게 된 것은 확실히 다메섹 도상에서의 체험 이후다(행 9:1~9). 그는 늘 '그리스도 예수의 종'이라는 용어를 사용했으며 "하나님의 종"이라는 말을 사용한 것은 여기뿐이다. 한편 '예수 그리스도의 사도'라는 자기소개는 바울에게 표준적인 것이다. 이 두 칭호(종과 사도)는 바울의 두 가지 주요 관심, 즉 하나님의 선택에 대한 믿음(참조, 롬 8:33; 골 3:12)과 경건에 이르게 하는 진리의 지식(참조, 딤전 2:4; 딤후 2:25; 3:7)을 반영한 것이다. 하나님은 바울을 통해 자기 백성을 부르시고(살전 1:2~10), 경건에 이르게 하는 진리를 가르치셨다(참조, 딤전 6:3). 다시 말해 바울의 사역은 하나님의 백성을 구원하고 성화시키는 데 그 목적이 있었던 것이다.

1:2~3 믿음과 지식(1절)은 영생의 소망에 달려 있다. '달려 있다'는 말은 헬라어 에피(ἐπί)에서 온 것이다. 에베소서 2:10에서처럼 '~을 위하

여'로 이해하는 편이 나을 것이다. 결국 이 구절에서는 자신의 목회가 영생을 '위한 것'이라는 바울의 견해가 표현었다고 하겠다. 영생의 소망은 영원 전부터 택함을 입은 자들에게 하나님이 주신 것이다(딤후 1:9). 하나님은 결코 자신의 말씀을 변개하실 수 없는 분이시다. 그러나 마지막 때에 하나님은 바울을 통해 주신 메시지 속에서 이 말씀의 의미를 밝히 드러내셨던 것이다. 목회 서신의 한 가지 공통점은 하나님을 구주라고 표현한 점이다(참조, 2:10; 3:4; 딤전 1:1; 2:3; 4:10). 바울의 목회에서 핵심적인 요소는 사회 구조와 제도들을 자유롭게 하려는 세상적인 논의라기보다는 자기 백성을 직접 구원코자 하시는 하나님의 계획에 있었던 것이다.

1:4 디도서가 디모데전후서처럼 광범위하게 읽히도록 쓰인 것은 사실이지만, 디도서의 표면적인 수신자는 디도였다. 바울은 디도를 참아들이라고 부르고 있는데, 이것은 아마도 디도가 바울을 통해 회심했기 때문일 것이다. 바울은 디모데에게도 같은 칭호를 사용했다(딤전 1:2). 또한 이 칭호 속에는 보호자와 피보호자의 관계성도 내재되어 있었을 것

으로 보인다. "하나님 아버지와 그리스도 예수 우리 구주로부터 은혜와 평강이 네게 있을지어다"라는 인사는 '우리 구주'라는 구절만 제외한다면 바울 서신에 전형적으로 등장하는 문안 형식이다(참조, 딤전 1:2; 딤후 1:2). 디도서에서는 '우리 구주'라는 구절이 하나님께 적용되고 있다(1:3). 바울은 디도서에서 '구주'라는 말을 하나님과 예수 그리스도에 대해 모두 사용하고 있다(참조, 2:10, 13; 3:4, 6).

II. 장로의 자격(1:5~9)

1:5 바울이 디도를 그레데에 남겨 둔 목적은 교회를 양육할 장로들을 세우기 위함이었다. 바울은 같은 목적으로 디모데를 에베소에 머물게 했다(딤전 1:3). 여기서 바울은 디도와 그레데의 교회를 위해 자신의 교훈을 반복해서 가르친다. 바울이 그레데에 머문 기간이 매우 짧았기 때문에 그는 교회 조직을 미처 완성하지 못했다. 디도의 사명은 각 성에 장로들을 세움으로써 교회의 질서를 확립하는 일이었다. 디도는 바울의 부재 시에 사도의 권위를 가진 대표자로서 일했다(참조, 행 14:23). 그레데교회 내에서 디도의 권위는 곧 바울의 권위의 연장선에서 이해될 수 있다. 이러한 권위는 사도 시대의 종료와 함께 막을 내렸다.

1:6 디모데전서 3:2~7에서와 마찬가지로 바울은 여기서 장로의 자격을 열거한다(참조, 딤전 3:1 주해). 디모데전서에서 언급된 장로의 자격은 15가지인데 여기서는 17가지가 나열되어 있다. 그러나 본질적인 면에서 보면 양자가 같은 것을 언급했다. (1) 장로는 책망(아넨클레토스[ἀνέγκλητος])할 것이 없어야 한다. 바울은 디모데전서 3:10에서 집사의 자격을 언급하는 중에 이 단어를 사용했다. 그러나 장로에 대해서는 디모데전서 3:2에서 아네피렘프톤(ἀνεπίλημπτον)이라는 용어를 쓰고 있다. (2) '한 아내의 남편'이라는 자격 기준은 아마도 장로는 단 한 번만 결혼해야 한다는 것을 의미하는 듯하다(참조, 딤전 3:2 주해). (3) 장로는 반드시 자신의 가정을 잘 지도해야만 한다. 이것은 단순히 가족에 대한 훈육을 의미하는 것뿐만 아니라(딤전

3:4~5), 가족에 대해 영적 지도력도 가져야 함을 나타내는 것이다. 장로의 자녀들은 "방탕하다는 비난을 받거나 불순종하는 일이 없는 믿는" 자라야만 한다. 바울은 디모데전서 3:5에서 이 요건이 필요한 이유에 대해 설명했다.

1:7 여기서 바울은 장로(프레스부테로스[πρεσβυτέρος])라는 용어 대신 감독(에피스코포스[ἐπίσκοπος])이라는 말을 사용한다. 바울은 이 두 용어를 별 생각 없이 혼용했다. 여기서 '감독'은 단수지만, 한 공동체 안에 단 한 명의 에피스코포스(ἐπίσκοπος)만 있어야 한다는 뜻은 아니다. 단지 일반적인 의미로 사용되었을 뿐이다. 바울은 이러한 자격 기준이 모든 감독들에게 공통적으로 요구되는 것임을 밝힌 것이다. 책망할 것이 없어야 한다는 것은 6절에 이어 7절에서 반복된다. 이 요건이 이토록 중요한 이유는 감독들은 하나님의 청지기로서 봉사해야 하기 때문이다. 교회 지도자의 명예 손상은 곧 하나님의 명예 손상인 것이다. 이어서 바울은 감독이 피해야 할 것 다섯 가지를 언급했다. (4) 제 고집대로 하지 아니한다. 즉 교만하고 자기주장만을 내세우지 않는다. (5) 급히 분내지 아니해야 한다(참조, 약 1:19~20). (6) 술을 즐기지 않아야 한다. (7) 구타하지 않아야 한다(참조, 딤전 3:3). (8) 더러운 이득을 탐하지 않아야 한다(참조, 딤전 6:4~5 주해).

1:8 7절에서는 감독이 피해야 할 요건들에 대해 언급한 반면 8절에서는 감독들이 갖춰야 할 요건들에 대해 말한다. 장로는 (9) 나그네를 대접하며(참조, 딤전 3:2), (10) 선행을 좋아하며(참조, 시 15편), (11) 신중하며(소프로나[σώφρονα]. 참조, 2:2, 5; 갈 5:23; 딤

전 3:2), (12) 의로우며(디카이온[di,kaion]), (13) 거룩하며(책망할 것이 없어야 한다는 것과 아울러 '의로우며 거룩해야 한다'는 두 가지 요건은 바울 자신이 모범적으로 지켰던 것들이다[참조, 살전 2:10]. 그러나 이 두 가지 요건은 디모데전서 3장에는 언급되지 않았다), (14) 절제해야 한다(디도서 1:7의 여러 악과 대조해서 생각해 보라. 참조, 딤전 4:7~8).

1:9 감독은 자신의 삶 속에서 도덕적으로나 영적으로 모범이 되어야 할 뿐만 아니라 말씀을 신뢰하는 사람이 되어야 한다. (15) 그는 미쁜 말씀의 가르침을 그대로 지켜야 한다. 헬라어 본문을 직역하면 '가르침을 받은 바 그대로의 말씀'이 될 수 있으며, 강조를 위해 '가르침을 받은 바 그대로'라는 구절이 문장 맨 앞에 나온다. 바울은 장로들이야말로 진리의 수호자, 즉 진리를 이해하고 굳게 붙들어야 한다고 말한 것이다. (16) 또한 장로는 이 말씀을 가르침으로써 권면해야 한다. (17) 장로는 말씀에 거슬러 말하는 자들을 책망해야 한다. 장로로서 자격을 갖추기 위해서는 진리를 다룰 줄 아는 사람이 되어야만 하는 것이다(참조, 딤전 3:2 주해).

III. 거짓 교사의 특징(1:10~16)

1:10 바울은 진리를 거스르는 자들에 대해 언급하면서 이들을 어떻게 다뤄야 할 것인지 디도에게 충고한다. 바울이 지적하는 이들의 세 가지 특성은 불순종하고(참조, 유 8절) 헛된 말을 하며 속이는 것이다. 이 세 가지 특성은 에베소에서 디모데를 적대하던 자들에게도 나타났다(참조, 딤전 1:3~11; 6:3~10; 딤후 2:14~18). 디도는 그레데에서 유대인 집단인 할례당의 반대에 직면해 있었는데(참조, 행 11:2; 갈 2:12), 할례당은 이런 특징을 더욱 심하게 드러내고 있었다.

1:11 반드시 거짓 교사들의 입을 막아야 한다. 그렇지 않으면 이들은 교회의 가정들에 큰 해를 끼칠 것이다(참조, 딤후 3:6). 디도가 이들을 잠잠하게 하려고 취한 방법이 디모데의 방법과 같았음은 의심의 여지가 없다. 마땅하지 않은 것들을 가르치는 자들은 교회 밖으로 출교되었다(참조, 딤전 1:3~4; 딤후 3:5). 또한 바울은 더러운 이득을 취하려는 거짓 교사들의 동기에 대해서도 정죄했다(참조, 딤전 6:4~5 주해).

1:12 자신의 주장을 강조하기 위해 바울은 BC 6세기경에 살았던 그레데의 시인 에피메니데스의 말을 인용했다. "그레데인들은 항상 거짓말쟁이며." 사람들은 에페메니데스를 예언자로 생각했다. 본래 이 말은 '제우스신이 그레데에 묻혔다'라는 하나의 특별한 거짓말(이것은 제우스가 죽지 않고 여전히 살아 있다고 믿는 사람들 마음에 거슬리는 말이었다)을 지칭하는 것이었어서, 후에는 단순히 그레데인들을

경멸하는 말로 사용되었다. 그러므로 그레데인들에 대해 생각하면서 '그레데인처럼 말하다'는 뜻의 크레티조(κρετίζω)가 '거짓말하다'라는 뜻이라고 생각하는 사람은 거의 없게 되었다. 물론 그레데에도 경건한 그리스도인이 많이 있었지만, 바울이 주로 염두에 두고 강조한 점은 거짓 교사들이 이렇게 그레데인들의 저열한 성향을 가지고 있다는 것이다.

1:13~14 바울이 에피메니데스의 말을 솔직하게 인용하고 있는 것에 대해 그레데의 교회가 어떤 반응을 나타냈는지는 알 수 없지만, 그들이 바울이 말하고자 하는 바를 놓치지 않았음은 분명하다. "이 증언이 참되도다." 거짓 교사들이야말로 전형적인 그레데인의 특징을 반영하고 있었다. 그러므로 가능한 한 거짓 교사들을 구원함으로써 이들의 부정적 영향을 제거해야만 했다. 디도는 그들을 엄히 꾸짖음으로써 믿음을 온전하게(참조, 딤전 1:10; 6:3~4) 해야 했다. 치리의 궁극적인 목적은 실수한 사람을 구원하는 데 둬야만 한다(갈 6:1; 살후 3:14~15). 이 경우에서 바울이 기대하는 것은 디도의 엄한 꾸짖음으로 말미암아 실수한 자들이 "유대인의 허탄한 이야기와 진리를 배반하는 사람들의 명령을 따르지 않게" 하는 것이다.

1:15~16 14절의 '명령'이 특히 유대인들에게(그레데인들도 그럴 가능성이 있지만) 먹고 마시는 것과 정결 의식에 관한 금욕적 규칙을 포함하는 것임은 주지의 사실이다(참조, 골 2:20~23; 딤전 4:1~5). 바울은 정결 문제는 외부적인 것에 달린 것이 아니라 내적인 것이라는 주님의 가르침(참조, 막 7:15; 눅 11:39~41)을 상기시킴으로써 이 문제를 즉시

주해 | 27

해결하려고 했다. 외부적인 것은 그 어느 것이라도 내적으로 정결한 사람을 더럽힐 수 없다. 그러나 내적으로 불결한 자는 그가 건드리는 모든 것을 더럽힌다. 거짓 교사들의 문제는 그들이 내적으로, 즉 마음과 양심이 더럽다는 사실에 있었다. 결과적으로 그들이 비록 하나님을 알고 따른다고 외치지만, 그들의 타락한 행위는 참된 본성을 거스르는 것이었다(참조, 요일 2:4).

그들의 내적인 불결로 말미암아 그들은 외적으로는 하나님께 "가증한(문자적으로는 '심히 끔찍한') 자요 복종하지 아니하는 자요(참조, 딛 1:10) 모든 선한 일(참조, 딤후 3:17)을 버리는 자"(아도키모이 [ἀδόκιμοι]. 참조, 고전 9:27)가 되었다. 여기서 바울은 다시 한 번 신학적 오류가 도덕적 부패에 연결됨을 보여 준다.

Ⅳ. 성도의 경건한 행동(2:1~10)

A. 늙은 남자들의 경건한 행동(2:1~2)

2:1 지금까지 거짓 교사에 대해 언급한 바울은 다시 디도에 대한 권면으로 되돌아간다. 그는 지금까지 비판해 온 거짓 교사들과 전혀 반대되는 태도를 취하라고 디도에게 요구한다. '너'라는 것은 수 데(σὺ δέ)를 번역한 것으로서 '그러나 너는'의 뜻을 가지는 강조 표현이다. 디도는 "바른 교훈에 합당한 것", 즉 '건전한 가르침'을 교회에 가르쳐야 한다.

목회 서신들 속에서 우리는 '건전한 가르침'에 대한 언급을 공통적으로 찾아볼 수 있다(참조, 1:9, 13; 2:2, 딤전 1:10; 6:3; 딤후 1:13; 4:3). 어떤 행동이 바른 교훈에 합치하는 것이며 어떤 행동은 위배되는 것인지를 언급했다는 점도 공통점이다(참조, 딤전 1:10; 6:3). 거짓 교사의 미혹을 받아 희생 제물이 된(참조, 1:16) 사람들의 행위는 바른 교훈에서 벗어나게 마련이다. 그러므로 바울은 바른 행위에 대해 언급한다.

2:2 바울은 몇몇 부류에 속하는 사람들의 경건한 생활에 대해 언급하는데, 처음으로 늙은 남자들에 대해 언급한다. 바울은 디도에게 늙은 남자들에게 성숙한 면모를 요구하라고 가르친다. 늙은 남자들은 절제하며(네파리우스[νηφαλίους]. 참조, 딤전 3:2) 경건

하며(셈누스[σεμνούς: 행실이 신중해 어릿광대 같지 않은]) 신중해야(소프로나스[σώφρονας]. 참조, 1:8; 2:5, 딤전 3:2) 한다. 이러한 성숙한 면모들과 함께 경건의 표식, 즉 믿음과 사랑과 인내(휘포모네[ὑπομονῆ])라는 세 가지 중심적인 덕이 부가되어야 한다. 이 세 가지 중에서 인내는 소망으로 대치될 수 있을 것이라 보인다. 그러나 인내와 소망은 밀접하게 연결되어 있다(참조, 롬 5:4; 15:4; 살전 1:3).

B. 늙은 여자들의 경건한 행동 (2:3)

2:3 바울은 늙은 여자들로 하여금 바른 교훈에 합당하도록 거룩한 행실을 가지게 하라고 디도에게 가르친다. 늙은 여자들은 모함하지 말며(참조, 딤전 3:11) 많은 술의 종이 되지 않아야 한다(참조, 딤전 3:8). 아이들이 모두 성장해 할 일이 별로 없는 여자들은 이러한 잘못에 빠질 위험이 크다(참조, 딤전 5:13~14). 또한 늙은 여자들은 젊은 여자들에게 선한 것을 가르치는 자가 되어야 한다. 자녀를 가진 젊은 여자들은 가정을 돌아보는 일에 관심을 집중해야 하는 반면(참조, 2:4~5), 늙은 여자들은 가정 밖에서 자신이 이미 체득한 것을 함께 나누고 가르쳐야 한다.

2:4~5 바울은 여기서 3절에서 언급한 '선한 것'이 무엇인지 분명히 밝힌다. 늙은 여자들은 최소한 일곱 가지 영역에서 젊은 여자들을 도울 수 있어야 한다. 이것은 바울이 젊은 부인과 어머니들이 갖춰야 한다고 생각한 요건이다. 일곱 가지 요소를 살펴보면 첫째는 젊은 부인들과 어머니들이 어떠한 사람이 되어야 할 것인가이며, 둘째는 이들이 해야 할 일은 무엇인가이다. 이 일곱 가지는 (1) 남편을 사랑하며 (2) 자녀를 사랑하며 (3) 신중하며 (4) 순전하며 (5) 집안 일을 하며(참조, 1:8; 2:2), 즉 가정적(오이쿠르구스[οικουργοὶς])이며 (6) 선하며 (7) 남편에게 복종하는 것이다.

바울은 젊은 그리스도인 아내들과 어머니들이 이러한 덕을 나타내면 불신자들에게 존경을 받고 하나님의 말씀이 훼방을 받지 않을 것이라고 생각했다. 오늘날에는 종종 이 반대의 경우가 옳을 때도 있지만, 그리스도인 아내들과 어머니들은 이 사실을 명심해야 한다. 주님은 주님이 귀하게 여기시는 것을 귀히 여기는 사람들을 사랑하시며, 마지막에 가서 궁극적으로는 하나님의 말씀과 이 말씀을 지키는 사람들이 정당했음이 증명될 것이라는 사실 말이다.

D. 젊은 남자들의 경건한 행동 (2:6~8)

2:6 디도는 또한 젊은 남자들을 위와 유사하게 권면함으로써 근신하게 할 책임이 있다. 젊은이들은 자칫 근신하지 못하게 될 때가 많다. 바울은 여기서 네 부류의 사람들에 대해 '신중'이라는 용어를 사용한다(2, 5, 6 절). 그러나 신중이라고 번역된 단어들은 원래는 동일한 형태의 단어가 아니었다. 이처럼 한 의미를 나타내는 데 다양한 형태의 단어가 사용된 예를 목회 서신에서 자주 찾아볼 수 있다. '신중'이라는 단어는 절제, 분별력, 자제 등으로도 표현할 수 있다.

2:7~8 디도 역시 같은 젊은이로서 스스로를 자격 있는 사람으로 만들어야 했으며, 이에 대해 바울에게 직접적인 충고도 많이 받았다. 그는 모든 선한 일에 있어서 다른 모든 이에게(특히 젊은 남자들에게) 본(투폰[τύπον])을 보이도록 노력해야만 한다(참조, 딤전 4:15~16). 디도는 자기 사역을 통해 교훈에 부패하지 아니함과 단정함과 책망할 것이 없는 바른 말을 해야 한다. 바울이 언제나 우려했던 것은 대적하는 자들에게 비판할 구실을 주지 않을까 하는 점이었다. 오히려 바울은 대적하는 자들이 우리를 악하다고 말할 것이 없게 함으로써 그들 스스로 부끄러움을 느끼게 하려고 했다. 물론 대적하는 자들이 결코 대적하는 일을 그치지는 않겠지만, 바른 교훈에 합당하게 행동했을 때, 대적하는 자들은 자신들의 거짓된 비난을 뒷받침할 수 없어서 매우 당황하게 될 것이다.

2:9~10 제1세기의 교회 안에서는 상당수의 종들이 있었는데, 이들도 자신들의 삶을 통해 하나님을 영화롭게 할 책임이 있었다(참조, 딤전 6:1 주해). 바울은 다른 사람들을 섬기는 위치에 있는 즉, 그리스도인인 종들이 갖춰야 할 다섯 가지 요건을 제시했다. 이것을 가르쳐야 할 책임이 디도에게 있었는데, 이는 다음과 같다. (1) 상전들에게 범사에 순종하며 (2) 상전들을 기쁘게 하고 (3) 상전들에게 거슬러 말하지 말며 (4) 훔치지 말고 (5) 오히려 모든 참된 신실성을 나타내는 것이다. 세상 사람들의 입장에서 볼 때는 종들이 상전들에게 이러한 태도를 취할 수 없다고 하겠지만, 그리스도인의 입장에서 보면 상황은 전혀 다르다. 그리스도인인 종은 지상의 주인을 섬기는 것이 아니라, 사실은 최후에 자기를 판단하실 주 그리스도를 섬기는 것이기 때문이다(골 3:23~24). 그러므로 그는 항거하고 거역하는 대신, 모든 면에서 그리스도를 본받는 자가 되어야 한다(참조, 벧전 2:18~25). 이렇게 함으로써 그의 삶은 우리 구주 하나님의 교훈을 빛내는 것이 된다. 바울은 우리 구주 하나님의 교훈을 언급함으로써 믿는 사람들은 바른 교훈에 따라서 행동해야 한다는 이 단원(2:1~10)의 주제를 다시 한 번 상기시킨다.

V. 경건한 일을 이루시는 은혜의 역사(2:11~3:11)

A. 은혜의 양육하심(2:11~14)

2:11~12 바울은 지금까지 하나님의 진리는 경건한 생활을 요구한다는 것을 주장했다. 이제 그는 경건한 생활을 요구하는 하나님의 진리의 중심인 은혜에 초점을 맞춘다.

NIV 성경의 "for"(γάρ)라는 단어는 이 단락이 지금까지 바울이 주장해 온 것에 대한 신학적 토대가 된다는 사실을 암시한다.

우리가 충분히 이해하기만 한다면 그리스도인들에게 어떻게 살아야 할 것인가를 가르치는 것은 다름 아닌 하나님의 은혜의 복음임을 알 수 있다. 이 은혜는 모든 사람에게 구원을 주시는, 보편적으로 '유용한 것'이다. 그러나 NIV는 구원을 주시는 하나님의 은혜가 모든 사람에게 '나타났다'(appeared)고 번역함으로써 '나타남'의 보편성을 강조한다. 모든 사람에게 '나타난 것'인가 아니면 '구원을 주시는 것'인가 바로 이 점이 문제다. 문법적으로 보면 양자 모두 가능하지만 후자가 의미에서 더 타당하며, 디모데전서 2:4, 6; 4:10 등과도 연관성이 있다. 그러나 어떤 입장을 취한다 하더라도 바울이 하나님을 구원자로 언급함으로써(참조, 2:10; 딤전 2:3; 4:10) 그리스도를 통해 보편적인 구원의 유효성을 인정한다는 점에서는 같다. 한편 NIV에서처럼 나타남의 측면을 강조하는 입장을 택하면 신약성경에는 어울리지 않는 견해에 빠지게 된다. 복음 그 자체는 모든 사람에게 나타난 것이 아니기 때문이다('모든 사람'이라는 구절이 모든 종류의 사람이라는 뜻이 아닌 개개인의 사람 모두라는 의미로 쓰인다면 더욱 그렇다). 하나님의 은혜의 메시지가 충분하게 적용되면 그리스도인은 "경건하지 않은 것과 이 세상 정욕을 다 버리고(참조, 히 11:24~26), 신중함과 의로움과 경건함으로" 이 세상을 살게 된다. 디도서 2:1~10의 개별적이면서 특수한 가르침은 한편으로는 소극적이면서 다른 한편으로는 적극적이다.

2:13~14 은혜의 복음은 한편으로는 과거에 하나님이 거저 주신 은혜에 집중하게 함으로써 우리의 현재 삶에 영향을 미친다(참조, 마 18: 23~35의 비유). 그러나 다른 한편으로는 미래에 대해 관심을 모으게 함으로써 경건한 생활을 촉진하기도 한다. 그리스도인들은 복스러운 소망과 우리의 크신 하나님 구주 예수 그리스도의 영광이 나타나기를 기대한다(참조, 딤후 4:8). 게다가 그리스도인들이 만나기를 대망하는 분이 곧 모든 불법에서 우리를 속량하시고 우리를 깨끗하게 하사 선한 일을 열심히 하는 자기 백성이 되게 하시려고 우리를 대신해 자기 자신을 주신(루트로세타이 [λυτρώσηται: 속량물을 대가로 지불하고 자유케 하다]. 참조, 눅 24:21; 벧전 1:18) 바로 그분임을 깨닫는 것은 매우 중요하다. 하나님이 이토록 엄청난 대가를 지불하신 목적은 거룩한 백성을 만드는 데 있다.

그러므로 하나님이 우리 자신을 위해 무엇을 왜 하셨는지 알고, 참되게 그리스도를 사랑하며 그분의 재림을 대망하는 그리스도인은 그리스도가 재림하실 때 그분께 실망을 드리지 않으려고 주의 뜻을 실현하는 데 그 어떤 수고와 헌신도 아끼지 않게 된다. 바로 이것이 예수 그리스도의 재림에 관한 소망을 기술하는 데 나타난 사도 요한의 생각이다. 요한은 "주를 향하여 이 소망을 가진 자마다 그의 깨끗하심과 같이 자기를 깨끗하게 하느니라"(요일 3:3)라고 했다. 이러한 사실들을 충분히 이해하면 철저하게 경건한 생활에 매진하게 된다. 반대로 어느 그리스도인이 경건한 생활을 하지 못한다면 이것은 그가 이상의 사실들을 충분히 이해하지 못했거나, 이해한다고 하더라도 아직 믿지 못한다는 증거인 셈이다.

B. 은혜로 말미암는 은혜로운 행위들(2:15~3:2)

2:15 이제 바울은 디도에게 '이것'을 가르치라고 한다. '이것'이란 1~10절에서 언급한 경건한 행동들과 14절에서 언급한 '선한 일'이다. 디도도 디모데처럼(딤전 4:12; 딤후 4:2) 과감하게 목회에 임해야 하며, 잘하는 이들을 격려하고 어긋난 이들을 책망해야 한다. 또 이렇게 함에 있어서 그 누구의 위협도 받지 않아야 한다.

3:1~2 목회자들의 사역 대부분은 사람들이 이미 알고 있는 바를 상기시키는 것이다. 디도는 그레데의 그리스도인들에게 훌륭한 시민이 되라고 기억하게 해야만 했다. 그레데인들은 대개의 경우 좋은 시민이 되지 못했다. 비록 바울이 여기서 반복하지는 않았지만, 좋은 시민이 됨으로써(그리스도인인 노예의 행위가 그러하듯이) 복음을 돋보이게 하고, 사람들을 복음으로 인도하게 된다는 생각을 하고 있었음이 틀림없다(참조, 2:10). 바울은 그리스도인들이 훌륭한 시민이 되기 위해 갖춰야 할 일곱 가지 덕목을 다음과 같이 열거했다. (1) 통치자들과 권세 잡은

자들에게 복종함, (2) 순종함(참조, 롬 13:1~7), (3) 모든 선한 일 행하기를 준비함(참조, 엡 2:10; 딤후 3:17), (4) 아무도 비방하지 않음, (5) 다투지 아니함, (6) 관용함, (7) 범사에 온유함을 모든 사람에게 나타냄. 그리스도인인 시민들은 공동체 내에 모든 면으로 선한 영향을 미쳐야 하며, 정중한 행동과 은혜 베푸는 것을 통해 그리스도의 사랑을 나타내야 한다. 다시 말하면 이 단원(2:15~3:2)의 교훈은 하나님의 은혜(2:11~14) 아래 있는 사람들에게 요구되는 행위에 대한 구체적인 실례인 것이다.

C. 은혜를 통한 경건한 삶(3:3~8)

3:3 바울은 자신과 자신을 통해 듣고 믿은 사람들이 본래 처했던 죄악된 상태를 결코 잊어본 적이 없으며(참조, 고전 6:9~11; 엡 4:17~24; 골 3:6~7), 여기서 그것을 한 번 더 상기시킨다. 바울은 이들에게 그리스도와 같은 사람들이 되라고 권면하지만, 실상 이들도 한때는 그리스도와는 반대되는 자, 곧 지혜로운 대신에 어리석은 자였으며, 복종하는 대신에 순종하지 아니한 자요, 자기를 억제하고 모든 선한 일을 행하기 위한 준비를 하는 대신에 여러 가지 정욕과 행락에 종노릇한 자였다. 화평하고 관용하며 겸손하기는커녕 악독과 투기를 일삼은 자요 가증스러운 자요 피차 미워한 자였다. 이것이 바로 하나님으로부터 멀리 있는 자들의 절망적인 상태다. 비록 번지르르해 보이는 인간의 문명이 이런 절망적인 상황을 보기 어렵게 만들지는 몰라도, 조금의 균열 뒤에 있는

심각한 문제는 결코 감출 수 없다. 하나님으로부터 멀리 있는 사람들은 뼈 무더기 위를 헤매는 동물보다도 더 전락할 때가 있다는 것은 실로 고통스러운 사실이 아닐 수 없다.

3:4 그러나 "우리 구주 하나님의 자비와 사람 사랑하심(피란트로피아 [φιλανθρωπία: 문자적으로는 '인간에 대한 사랑'])이 나타날 때에" 이 모든 상황은 변화된다. 그 차이는 깜짝 놀랄 만하다. 3절에서는 인간이 주체였으나 4~7절에서는 인간은 수동적인 입장에 서고 하나님이 주체가 되신다. 인간이 결코 스스로 할 수 없는 것을 하나님이 그를 위해 해주신다(참조, 딤전 1:1 주해).

3:5 하나님은 그분의 자비로 믿는 자들을 구원하셨다. 그러나 이것은 결코 이들의 의로움으로 말미암은 것이 아니며(참조, 롬 3:21~24; 엡 2:8~9; 딤후 1:9) 오히려 하나님의 긍휼하심으로 말미암은 것이다. 자비, 사랑, 긍휼하심이라는 세 단어는(3:4~5) 모두 하나님의 은혜의 측면을 나타내는 말이다. 그분이 구원을 위해 사용하시는 은혜의 이중적인 수단은 (1) 온갖 더러운 죄로부터 씻음으로써 중생하게 하는 것과 (2) 성령의 새롭게 하심(참조, 고후 5:17)이다. 이 과정에서 믿음의 역할은 아무것도 언급되지 않았다. 그 이유는 바울이 전적으로 인간의 태도가 아닌 하나님의 일하심에 초점을 맞추고 있기 때문이다.

3:6~7 하나님은 우리 구주 예수 그리스도로 말미암아 성령을 세상에 풍성하게 부어 주셨다. 예수님은 성령의 중보자이시다(참조, 행 2:33). 6절은 오순절을 회상하게 만든다(참조, 행 2:17). 하나님이 성령을 부어 주시는

목적은 우리로 그의 은혜를 힘입어 의롭다 함을 얻어 영생의 소망을 따라 상속자가 되게 하려는 것이다. 신약성경에 의하면 성령은 구원하시려는 하나님의 은혜로운 목적을 성취시키는 데 밀접하게 관련되어 있다(참조, 롬 8:15~17; 갈 4:6~7; 엡 1:13~14). 하나님은 그분의 은혜로 시작하신 일을 성령을 통해 마지막까지 은혜로 이루시는 분이시다.

3:8 "이 말이 미쁘도다"라는 표현은 목회 서신들에서 공통적으로 나타나며(참조, 딤전 1:15; 3:1; 4:9; 딤후 2:11), 여기서 바울의 말은 직접 화법의 양식을 취했다. 지금까지 바울이 한 말들은 미쁘고 신실한 것이므로, 디도는 이 여러 것에 대해 굳세게 말함으로써 듣는 이들로 하여금 경건한 생활을 하게 해야 한다. 이미 앞에서도 바울은 두 차례에 걸쳐서 바른 교훈에 따라 이러한 것들을 가르치라고 디도에게 충고한 바 있고(2:1, 15), 이것이야말로 서신 전체를 통해 그가 가장 강조하는 점으로, 마지막까지 반복하는 부분이다. 바울의 깊은 관심은 하나님을 믿는 자들이 조심해서 모든 사람에게 아름답고 유익한 선한 일을 힘쓰게 하는 데 있기 때문이다. 디도는 선한 일들을 촉진하기 위해 미쁘고 신실한 것들을 가르쳐야만 했는데, 그 이유는 선한 일들은 바른 가르침과 밀접하게 관련되어 있기 때문이다.

D. 은혜로 말미암지 않은 행위들(3:9~11)

3:9 바른 교훈이 모든 사람에게 유익한 것이라면 어리석은 변론과 족

보 이야기와 분쟁과 율법에 대한 다툼은 무익한 것이요 헛된 것이다. 바울은 목회 서신들 속에서 이러한 사실을 되풀이해서 강조했다(참조, 1:14; 딤전 1:4; 6:4; 딤후 2:23). 디도는 그러한 것들을 피해야(문자적으로 '외면해야')만 한다.

3:10~11 이러한 무익한 것들을 옹호해 교회 안에 분열을 일으키고 파괴적인 영향을 미치는 자들에 대해(참조, 1:11), 바울은 디도에게 직접적이고도 독특한 충고를 했다. 디도는 그러한 사람들에게는 두어 번 경고를 해야 한다. 그러나 이 경고가 받아들여지지 않을 경우 이들을 멀리해야 한다. 두 번의 경고를 받아들이지 않는다는 것은 그가 부패하여 스스로 정죄한 자로서 죄를 짓는다는 명백한 증거다. 여기서 나타난 바울의 생각은 주님의 가르침(마 18:15~17)과 유사하다. 주님은 세 번에 걸쳐 회개할 기회를 주고, 그래도 듣지 않으면 세리와 이방인과 같이 여기라고 하셨다(참조, 원수와 같이 생각하지는 말라는 내용은 살후 3:14~15).

Ⅵ. 마지막 교훈과 인사(3:12~15)

3:12 다른 서신에서처럼 바울은 개인적으로 몇 가지 일을 언급하면서 이 서신을 마친다. 비록 바울이 이 서신을 기록한 장소가 알려져 있지는 않지만, 그가 그리스의 아드리아 바닷가에 있는 니고볼리에서 겨울을 보내고자 했음을 알 수 있다. 바울은 아데마나 두기고가 도착하자마자 서둘러서 디도에게 니고볼리로 오도록 부탁했다. 바울은 두 사람 중 한 사람을 보내 그레데에서 디도를 대신해서 일하게 하려는 계획을 세웠음이 분명하다. 아데마나에 관해서는 아무것도 알려진 것이 없다(참조, 두기고에 대해서는 딤후 4:12 주해).

3:13 율법교사 세나는 신약성경 가운데서 오직 여기에만 나타나며 그에 대해서는 아무것도 알 수 없다. 심지어 그가 유대인이었는지 로마인이었는지도 알 수 없다. 그러나 아볼로는 매우 익숙한 이름이다. 바울의 말로 미루어 볼 때 세나와 아볼로도 그레데에 있었으며, 디도는 "그들로 부족함이 없게 하는"(이들의 쓸 것을 공급하는) 위치였던 것으로 보인다. 이곳저곳을 다니면서 복음을 가르치도록 부르심을 받은 그리스도의 종들은 언제나 여러 교회에서 부조를 받았다(참조, 요삼 6~8절).

3:14 그레데의 그리스도인들은 그레데인 특유의 기질 때문에(참조, 1:12), 매일 필요한 것을 제대로 공급하지 못했다고 보는 이들이 있다. 이러한 견해는 '바울이 열매 없는 자'에 대해 언급했기 때문에 생긴 것으로 보인다. 어쨌든 바울은 선한 일을 행해야 할 필요성에 대해 언제

나 강조해 왔으며, 이 선한 일의 동기는 구원을 얻기 위함이 아니라 서로 섬기기 위함이라고 여기서도 되풀이했다. 바울은 에베소서에도 이러한 생각을 피력한 바 있다(엡 4:28).

3:15 "나와 함께 있는 자"가 누구인지에 대해서는 알 수가 없다. 믿음 안에서 우리를 사랑하는 자들 중에 바울을 대적하는 거짓 교사들이 포함되지 않았음은 명확한 사실이다. "은혜가 너희 무리에게 있을지어다"라는 인사는 디모데전후서의 인사와 유사하다. '너희 무리'라는 복수 표현은 바울 자신이 디도 개인뿐만 아니라 더 많은 사람에게 이 서신을 쓰는 것이라고 생각했음을 보여 준다.

참고 문헌

- Barrett, C. K. *The Pastoral Epistles*. Oxford: Clarendon Press, 1963.
- Blaiklock, E. M. *The pastoral Epistles*. Grand Rapids: Zondervan Publishing House, 1972.
- Dibelius, Martin, and Conzelmann, Hans. *The Pastoral Epistles*. Translated by Philp Buttolph and Adela Yarbro. Edited by Helmut Koester. Philadelphia: Fortress Press, 1972.
- Getz, Gene A. *A Profile for a Christian Life Style: A Study of Titus*. Grand Rapids: Zondervan Publishing House, 1978.
- Guthrie, Donald. *The Pastoral Epistles*. Grand Rapids: Wm. B. Eerdmans Publishing Co., 1957.
- Hendriksen, William. *Exposition of the Pastoral Epistles*. New Testament Commentary. Grand Rapids: Baker Book House, 1957.
- Hiebert, D. Edmond. *First Timothy*. Chicago: Moody Press, 1967.
- Hiebert, D. Edmond. *Titus and Philemon*. Chicago: Moody Press, 1957.
- Jensen, Irving L. *1 and 2 Timothy and Titus: A Self-Study Guide*. Chicago: Moody Press, 1973.
- Kelley, J. N. D. *A Commentary on the Pastoral Epistles*. London: Adam and Charles Black, 1963. Reprint. Grand Rapids: Baker Book House, 1981.
- Kent, Homer A. *The Pastoral Epistles*. Chicago: Moody Press, 1958.
- Knight, George W. *The Faithful Saying in the Pastoral Epistles*. Grand Rapids: Baker Book House, 1979.
- Lock, Walter. *A Critical and Exegetical Commentary on the Pastoral Epistles*. The International Critical Commentary. Edinburgh: T.&T. Clark, 1924.
- Stott, John R. W. *Guard the Gospel: The Message of 2 Timothy*. Downers Grove, III.: Inter Varsity Press, 1973.
- Wiersbe, Warren W. *Be Faithful*. Wheaton. III.: Scripture Press Publications, Victor Books, 1981.

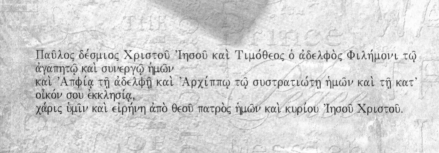

Παῦλος δέσμιος Χριστοῦ Ἰησοῦ καὶ Τιμόθεος ὁ ἀδελφὸς Φιλήμονι τῷ
ἀγαπητῷ καὶ συνεργῷ ἡμῶν
καὶ Ἀπφίᾳ τῇ ἀδελφῇ καὶ Ἀρχίππῳ τῷ συστρατιώτῃ ἡμῶν καὶ τῇ κατ'
οἶκόν σου ἐκκλησίᾳ,
χάρις ὑμῖν καὶ εἰρήνη ἀπὸ θεοῦ πατρὸς ἡμῶν καὶ κυρίου Ἰησοῦ Χριστοῦ.

The Bible Knowledge
Commentary 28

Philemon
서론

The Bible Knowledge
Commentary

서론

빌레몬서는 바울 서신들 가운데 가장 개인적인 것이며, 이 서신의 진정
성에 대해서는 아무런 이견도 없다. 존 녹스는 '이 서신의 진정성은 너
무도 확실하기 때문에 전혀 논란의 여지가 없다'고 했다(*Philemon among
the Letters of Paul*, p.32).

저자

초대교회 교부들 가운데 익나티우스, 티툴리안, 오리겐 및 유세비
우스가 빌레몬서의 정경성을 증거했다. 빌레몬서는 마르시온의 정경과
무라토리편에도 역시 포함되어 있다.

빌레몬서에는 저자가 세 번씩이나 자신을 바울이라 지칭했다(1, 9,
19절). 문체와 언어 역시 바울의 특징이 포함된 바울의 것이다(참조, 4절;
빌 1:3~4). 바울은 보통 그의 서신 서론 부분에서 '사랑', '믿음' 등의 단
어를 사용하곤 했는데, 빌레몬서 5절에서도 역시 이 단어들이 사용된
다. 또한 아킵보, 에바브라, 아리스다고, 누가 등의 이름은 빌레몬서가
골로새서와 밀접한 관련이 있음을 보여 주는 증거다(참조, 골 4:10, 12,
14, 17).

기록 연대와 기록 장소

바울이 빌레몬서를 기록한 것은 그가 감옥에 있을 때였다(1, 9절). 빌레몬서는 바울이 처음 로마 감옥에 갇혔을 때인 AD 61~63년경에 쓰였으며, 따라서 빌레몬서 역시 '옥중 서신'으로 분류된다. 오네시모가 골로새서를 휴대해 골로새로 가는 두기고와 동행했다는 사실로 비추어 볼 때 두 서신은 대략 같은 시기, 즉 아마도 AD 62년 여름에 쓴 것으로 보인다.

수신자

빌레몬서의 수신자는 빌레몬이다. 빌레몬이 노예들을 소유하고 있었던 것과 그의 집이 상당히 큰 규모였음(2절에서 나타난 대로 가정 교회의 장소가 되었다는 사실이 이것을 뒷받침한다)을 생각해 볼 때, 빌레몬은 골로새에서 유력한 부자였던 것 같다. 비록 빌레몬이 언제 바울로부터 복음을 들었는지는 확실하지 않지만, 그가 바울에 의해 복음을 받고 그리스도인이 되었음은 확실하다(19절하). 아마도 바울과 빌레몬은 바울의 제3차 전도 여행 중 에베소에서 친구가 된 듯하다(행 19장).

압비아(2절)가 빌레몬의 아내였으며 아킵보는 그의 아들이라는 것에 대해서는 대체로 의견이 일치한다.

이 서신의 수신자에는 '빌레몬의 집에 있는 교회'(2절)의 구성원들도 포함되어 있다. 아킵보는 이 교회의 직분을 맡아 봉사했으며, 빌레몬은 평신도로서 교회를 섬겼던 것으로 보인다(1~2절에서 '동역자'란 말과 '함께 병사 된'이라는 말의 차이가 이 사실을 뒷받침한다). 존 라이트풋 은 아킵보가 장로나 전도자였을 것으로 보고 있는데, 이 두 직분은 교 회에서 모두 중요한 것이다. 그런가 하면 아킵보가 목사였으리라고 생 각하는 이들도 있다. 아킵보가 골로새교회에서 직분을 맡았으리라는 생각은 충분히 가능한 것이다(골 4:17).

기록 배경과 목적

빌레몬서를 기록한 배경은 곧 빌레몬서 내용 자체와 일치한다. 빌레 몬의 노예였던 오네시모가 주인의 물건을 도적질해 도망했다(18절). 오 네시모는 이곳저곳으로 다니던 중 로마에 도착했으며, 하나님의 섭리 가운데서 바울을 만나게 되었다. 그리고 구주를 알게 되었다. 그는 바 울에게 매우 긴요한 사람이 되었다(12~13절).

그러나 바울은 오네시모가 훔친 것과 도망한 일로 빌레몬에게 해결 해야 할 짐을 지고 있음을 알게 되었다. 바울은 오네시모를 빌레몬에게 돌려보내는 것이 옳다고 여겼다. 마침 두기고가 바울의 서신을 로마에 서 골로새로 전달할 책임을 가지고 있었으므로, 오네시모는 두기고와 동행해 빌레몬에게로 갔던 것이 분명하다(골 4:7~9).

바울은 빌레몬서에서 자신의 처지를 설명하고 오네시모를 도적질 하고 도망한 자로 대우하지 말고, 그리스도 안에서 사랑받는 형제로 맞

이해 달라고 부탁했다(15~16절. 참조, 골 4:9). 우리는 이것을 통해 그 당시의 노예 제도에 대해 바울이 가지고 있었던 견해와 이에 대한 그리스도인으로서의 바울의 반응을 엿볼 수 있다. 여기서 갈라디아서 3:28의 말씀이 분명하게 드러난다. "너희는 유대인이나 헬라인이나 종이나 자유인이나 남자나 여자나 다 그리스도 예수 안에서 하나이니라." "그가 만일 네게 불의를 하였거나 네게 빚진 것이 있으면 그것을 내 앞으로 계산하라"(18절, NASB).

The Bible Knowledge
Commentary

개요

Ⅰ. 문안(1~7절)

A. 저자(1절상)

B. 수신인(1절하~2절)

C. 문안(3절)

D. 칭찬(4~7절)

    1. 감사(4~5절)

    2. 기도(6절)

    3. 증거(7절)

Ⅱ. 본론(8~21절)

A. 부탁(8~12, 17절)

    1. 명령이 아닌 부탁(8절)

    2. 사랑으로 말미암은 부탁(9절)

    3. 영적 아들을 위한 부탁(10~11절)

    4. 진정한 부탁(12절)

    5. 동무로서의 부탁(17절)

B. 관계성(13~16절)

   1. 바울과 오네시모의 현재의 형제 관계(13절)

   2. 바울과 빌레몬의 과거의 형제 관계(14절)

   3. 오네시모와 빌레몬의 미래의 형제 관계(15~16절)

C. 서약(18~21절)

   1. 오네시모의 빚을 바울에게 회계할 것(18~19절상)

   2. 바울에 대한 빚을 생각할 것(19절하)

   3. 바울을 기쁘게 할 것(20절)

   4. 바울의 요구 이상을 행할 것(21절)

III. 끝맺음(22~25절)

A. 위안(22절)

B. 형제의 문안(23~24절)

C. 축복(25절)

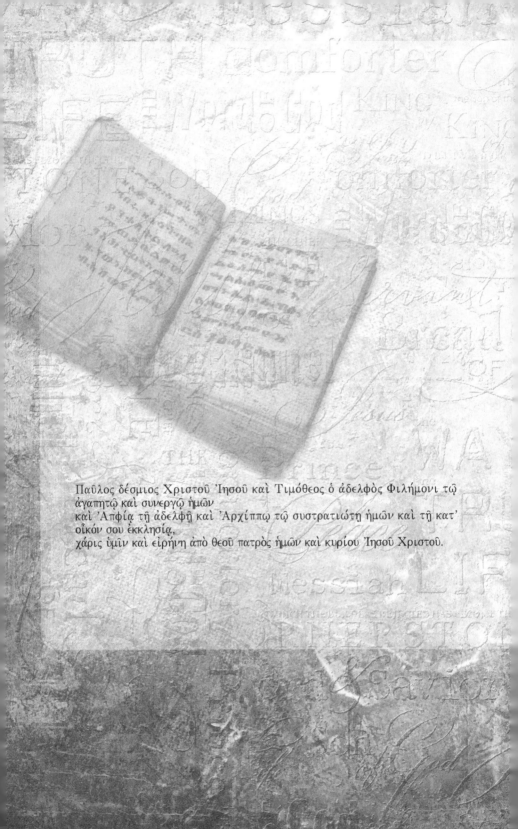

Παῦλος δέσμιος Χριστοῦ Ἰησοῦ καὶ Τιμόθεος ὁ ἀδελφὸς Φιλήμονι τῷ
ἀγαπητῷ καὶ συνεργῷ ἡμῶν
καὶ Ἀπφίᾳ τῇ ἀδελφῇ καὶ Ἀρχίππῳ τῷ συστρατιώτῃ ἡμῶν καὶ τῇ κατ᾽
οἶκόν σου ἐκκλησίᾳ,
χάρις ὑμῖν καὶ εἰρήνη ἀπὸ θεοῦ πατρὸς ἡμῶν καὶ κυρίου Ἰησοῦ Χριστοῦ.

The Bible Knowledge
Commentary 28

Philemon
주해

The Bible Knowledge
Commentary

주해

I. 문안(1~7절)

A. 저자(1절상)

1절상 바울 서신 가운데 바울이 문안 인사에 자신을 "그리스도 예수를 위하여 갇힌 자"로 지칭한 것은 빌레몬서뿐이다. 바울이 자기 자신을 '사도'로 부른 서신이 일곱이고, 두 서신(데살로니가전후서)에서는 아무런 명칭도 사용하지 않았으며, 세 서신에서 자신을 '그리스도의 종'으로 소개했다.

아마도 바울은 이 서신이 부탁과 간청의 내용을 담고 있으므로 자신을 사도로 칭하지 않은 것으로 보인다. 이 서신이 명령의 내용으로 되어 있어서 수신인들이 그의 사도적 권위를 아는 것이 필요했다면 그는 사도라는 표현을 사용했을 것이다. 바울은 로마 제국의 죄수였으나 실제로 그가 투옥된 이유는 구세주를 증거했기 때문이었다. 바울은 자신을 "예수 그리스도를 위하여 갇힌 자"라고 불렀다(9절). 에바브라는 그와 "함께 갇힌 자"였다(23절).

"및 형제 디모데"라는 말을 덧붙임으로써 바울에 대한 동정과 사랑의 무게도 더 가중된다. 바울의 다른 다섯 서신들에도 디모데의 이름이 문안에 함께 등장한다(고린도후서, 빌립보서, 골로새서, 데살로니가전후서).

B. 수신자(1절하~2절)

1절하 신약성경 중에서 빌레몬에 대해 알려진 것은 "우리의 사랑을 받는 자요 동역자인 빌레몬"이라는 구절뿐이다. 빌레몬은 바울에게 사랑받는 사람이었고(아가페토[ἀγαπητῷ]. 참조, 16절), 또한 바울은 그를 동역자로 여겼다(참조, 24절). 빌레몬은 사도 시대의 유복한 그리스도인들 가운데 한 사람이었으며, 골로새에 있는 그의 집은 교회를 위해 예배 처소로 제공되었다. '동역자'라는 구절이 바울과 빌레몬이 반드시 함께 일했음을 나타내는 것은 아니다. 아마 바울이 에베소에서 일하는 동안 빌레몬은 골로새에서 교회를 세우려고 힘썼던 듯하다(참조, 빌레몬서의 서론 중 '수신자'). 또한 바울은 그를 형제라고 불렀다(7, 20절).

2절 "자매 압비아"는 빌레몬의 아내였을 가능성이 매우 높다. 압비아는 자기 집에서 모이는 교회를 위해 직분을 맡은 자처럼 섬겼을 것이다. '그녀는 남편 못지않은 결정권을 가지고 있었다. 왜냐하면 당시 풍습에 의하면 가정의 여주인들이 노예에 대한 그날그날의 관리 책임을 가지고 있었기 때문이다'(Arthur A. Rupprecht, "Philemon", in *The Expositor's Bible Commentary*, 11: 458).

"우리와 함께 병사 된 아킵보"는 빌레몬의 아들이라고 보는 견해가 있다. 그는 아마도 골로새에서 복음을 전도하는 목사로 일한 것으로 보이는데, 그 이유는 바울이 골로새서에서 아킵보에 대해 간단한 충고를 했기 때문이다(골 4:17). 아마 아킵보는 자신의 지위 때문에 빌레몬에게 어느 정도 영향을 줄 수 있었을 것이다.

"네 집에 있는 교회" 역시 바울의 요구를 수락하도록 빌레몬에게 압력을 가할 수 있었을 것으로 보인다. 만약 바울이 문안을 하면서 이 교회를 언급하지 않았다면 오네시모가 돌아왔을 때 이들은 매우 수군거렸을 것이다. AD 200년경까지는 가정에서 예배드리는 교회가 많았다. 3세기가 지나서야 비로소 교회를 위한 독립 건물들이 마련되기 시작했다. 바울은 로마서 16:5과 골로새서 4:15에서도 역시 가정 교회에 대해 언급했다. "네 집"이란 구절이 아킵보의 집을 가리키는 것이라는 견해가 있지만(여기서 '너'를 뜻하는 수[σοῦ]는 단수다), 빌레몬의 이름이 가장 먼저 언급된 것으로 보아 빌레몬의 집을 지칭한다고 보는 것이 더욱 타당하다. 빌레몬서에서 등장하는 단수 '너'는 빌레몬을 가리키는 것이다(4, 6~8, 10~12, 15, 17~21절. NIV에서는 23절에서도 'you'가 등장한다). 단지 22절과 25절에서만 '너희'라는 복수가 사용되었다.

C. 문안(3절)

3절 "하나님 우리 아버지와 주 예수 그리스도로부터 은혜와 평강이 너희에게 있을지어다"라는 문안은 바울이 통상적으로 사용하던 문안이다. 그의 다른 여섯 서신들에서도 어구까지 틀림없이 같은 문안이 사용되었다(로마서, 고린도전후서, 갈라디아서, 에베소서, 빌립보서). 나머지 여섯 서신들(골로새서, 데살로니가전후서, 디모데전후서, 디도서)에서는 약간씩 수정된 문안이 사용되었다(참조, 롬 1:1 주해의 '바울 서신에 나타난 서언들' 도표).

이 문안에서는 단어의 순서에 유의할 필요가 있다. '평강'은 하나님과 사람 사이에 적절한 관계가 유지되고 있음을 나타내는 것으로서 영적 상태를 표현하는 말이다. 또한 이것은 하나님의 '은혜'의 결과로 나타난다. 은혜 없이는 결코 평강이 있을 수 없다. 하나님과의 평강은 사법적인 것으로, 믿음으로 얻어진다(롬 5:1). 하나님의 평강은 성령의 내주하시는 사역의 결과이며, 체험적인 것이다(엡 5:18; 갈 5:22~23). 바울은 이 서신의 마지막에서도 "주 예수 그리스도의 은혜"를 구하는 기도로 끝맺고 있다(25절).

D. 칭찬(4~7절)

1. 감사(4~5절)

4절 갈라디아서를 제외한 모든 서신에서 바울은 첫 서두에 감사의 내용을 말한다. 편지의 문안 부분에서 감사를 표현하는 것은 1세기의 관행으로, 이 관행은 이방인이나 그리스도인을 불문하고 광범위하게 통용되었다. "내가 항상 내 하나님께 감사하고 기도할 때에 너를 말함은"이라는 표현은 다른 옥중 서신에서도 찾아볼 수 있다(엡 1:15~16; 빌 1:3~4; 골 1:3~4). 바울은 이 표현 속에서 언제(항상), 누구에게(하나님께), 누구를 위해(빌레몬) 감사하는가를 밝히고 있다.

5절 바울은 또한 왜 감사하는가("주 예수와 및 모든 성도에 대한 네 사랑과 믿음이 있음을 들음이니")에 대해서도 언급했다. 그리스도에 대한 믿음과 성도들에 대한 사랑은 에베소교회(엡 1:15), 골로새교회(골 1:4), 데살로니가교회(살전 1:3; 살후 1:3)에도 적용된 구절이다.

바울은 오네시모와 에바브로에게 하나님에 대한 빌레몬의 믿음과 성도들에 대한 그의 사랑을 전해 들었을 것이다. 그리스도를 믿는 믿음은 성도들에 대한 사랑을 가져온다. 빌레몬은 모든 성도를 사랑했으므로 이제는 성도가 된 오네시모도 그의 사랑 안에서 용납할 것임이 틀림없다.

2. 기도(6절)

6절 빌레몬의 믿음과 사랑을 칭찬한 바울은(5절) 빌레몬의 믿음과 (6절) 그의 사랑을(7절) 확대시키고 있다. 바울은 빌레몬의 "믿음의 교제"(문자적으로 '그 교제에 활발하도록')를 위해 기도했다(여기서 '교제'는 코이노니아[κοινωνία]다). 믿음의 교제(6절상)와 선을 알게 하는 것(6절하) 사이의 관계를 적절히 옮기는 것은 상당히 까다로운 일이다. NIV는 6절하를 6절상의 결과로 보고 "네 믿음의 교제가 우리 가운데 있는 선을 알게 하고 그리스도께 이르도록"으로 옮겼다. 빌레몬의 믿음의 사귐은 그로 하여금 영적인 축복을 충분히 이해하도록 했다. NIV의 "so that you will have"(네가 … 알게 하고)라는 구절은 'in'이라는 뜻의 헬라어 엔(ἐν)을 확대 번역한 것이다. 빌레몬이 그리스도 안에서 자신이 받은 축복을 충분히 이해하게 될 때 비로소 믿음의 교제를 더욱 활발히 할 수 있는 것이다. 빌레몬은 자신이 받은 축복을 이해하는 안에서(즉, 이해하는 범위 내에서) 그리스도를 공유하게 된다. 믿는 사람은 자신이 그리스도 안에서 소유한 축복들을 더 이해하면 할수록 그리스도를 다른 사람에게 더욱 활발히 소개하고 그리스도에 함께 참여하게 되는 것이다. '안다'(에피그노세이[ἐπιγνώσει])라는 단어는 옥중 서신에 모두 등장한다(엡 1:19[NIV에서는 18절]; 빌 1:9; 골 1:9).

3. 증거(7절)

7절 바울은 빌레몬의 사랑(5, 9절)으로 말미암아 기쁨과 위로를 얻었는데, 그 이유는 빌레몬이 성도들의 마음을 평안하게 했기 때문이다. '평안하게 하다'(아나페파우타이[ἀναπέπαυται]. 참조, 20절)라는 단어는 주님이 마태복음 11:28에서 "수고하고 무거운 짐 진 자들아 다 내게로 오라 내가 너희를 쉬게 하리라"(아나파우소[ἀναπαύσω])라고 말씀하셨을 때 사용하신 동사다. 그리스도로 말미암아 평안함을 얻은 빌레몬은 다른 사람들을 평안하게 할 수 있었다. 여기서 '마음'이란 단어는 헬라어에서 마음을 표현할 때 흔히 쓰이는 카르디아(καρδία)가 아니라 스프랑크나(σπλάγχνα: 육체의 내적 부분)다. 몇몇 헬라의 글에 의하면 감정은 속으로부터 나오는 것이다. 바울은 12, 20절에서도 이 헬라어를 사용했다(참조, 빌 2:1 KJV 성경)

II. 본론(8~21절)

A. 부탁(8~12, 17절)

이제 바울은 도망친 노예 오네시모에 대해 부탁의 말을 시작한다. 바울은 정중하면서도 간절하게, 그리고 권위 있게 부탁하고 있다. 여기서 바울은 두 가지 사실, 곧 오네시모는 이제 바울의 믿음의 아들이라는 것과(10절), 빌레몬의 형제라는 것(16절)을 밝힌다. 이것은 당시의 공포스러운 노예 제도에 대한 그리스도인의 반응을 보여 준다. 오네시모는 비록 로마 사회에서 가장 낮은 계층에 속했지만, 영적으로는 자신의 주인 빌레몬과 또 지도자인 사도 바울과 동등하게 되었다.

1. 명령이 아닌 부탁(8절)

8절 "이러므로"라는 말은 이제 바울이 앞서서 언급했던 것들(4~7절)을 적용하려 함을 암시한다. 모든 성도에 대한 빌레몬의 사랑은 이제 오네시모까지도 포용해야 한다. 바울은 사도의 권위로 아주 담대하게 빌레몬에게 마땅한 일로 명할 수 있지만, 그는 스스로 억제했다. '담대'로 번역된 파레시안(παρρησίαν)은 히브리어의 신뢰, 확신, 용기와 같은 뜻이다(히 3:6; 10:19, 35).

2. 사랑으로 말미암은 부탁(9절)

9절 바울의 간구는 사랑에 기초한 것이다. 여기서 사랑은 아마도 빌레몬의 사랑(참조, 5, 7절)을 가리키는 듯하다. 빌레몬이 오네시모를 다시 받아들이는 것은 오네시모와 바울에게 매우 큰 사랑을 베푸는 행동이 될 것이다. 또한 이러한 간청을 하는 나이 많은 바울은 예수 그리스도를 위해 갇힌 자였다(참조, 1절). '나이 많은 사람'(프레스뷰테스[πρεσβύτης])이라는 것은 바울이 권위를 가지고 있었음을 뜻하며(당시에는 노인은 지혜와 권위를 갖춘 것으로 생각하는 것이 보통이었다), 또한 그가 '감옥에 갇힌' 노인이었다는 것은 그가 오네시모를 위해 할 수 있는 일이 크게 제약을 받았음을 의미한다. 바울이 옥에 갇혀 있다는 것은 빌레몬의 마음에 동정심을 불러일으키는 요인이었다. 이제 오네시모의 복귀는 빌레몬에게 달린 일이 되었다. 게다가 오네시모는 젊었으며, 바울과 빌레몬은 함께 늙는 처지에 있었다.

3. 영적 아들을 위한 부탁(10~11절)

10절 '간구한다'는 동사(파라카로[παρακαλῶ])는 9절에 이어 여기서도 반복적으로 사용됨으로써 강조의 의미를 나타낸다. 이 간구는 바울의 아들(투 에무테크누[τοῦ ἐμοῦτέκνου: 문자적으로 '나 자신의 아들'])을 위한 것이었다. '아들'이란 표현은 특별한 친애의 마음을 담은 것으로, 이곳 외에서는 오직 디모데와 디도에게 사용했다(딤전 1:2; 딤후 1:2; 딛 1:4). 주인의 집에서 도망한 오네시모는 로마에서 바울을 만나게 되었다. 바울을 통해 예수 그리스도를 알게 된 그는 바울이 갇힌 중에서 낳은, 바울의 믿음의 아들이 되었다. 오네시모가 감옥에 갇힌 바울을 통해 회심했다는 사실은 바울과 오네시모의 관계를 매우 돈독하게 했다. 노예와 죄수의 이 만남이 얼마나 인상적인 일이었겠는가! 그러나 이 관계는 단순히 노예와 죄수의 관계가 아닌 영적으로 아버지와 아들의 관계였다. 바울은 자신이 전도해 그리스도께 인도한 사람들에 대해 스스로를 아버지로 생각하고 있었다(고전 4:15. 참조, 딤전 1:2; 딤후 1:2). 믿는 자와 그를 믿어 그리스도께 이르게 한 사람 사이에는 그리스도인의 특별한 사랑이 존재하게 마련이다.

헬라어 성경에 의하면 오네시모라는 이름은 10절의 가장 끝에 나오는데, 이것은 빌레몬의 마음을 좀 더 부드럽게 할 때까지 이 이름을 뒤에 두려는 의도였음을 보여 준다.

11절 오네시모라는 이름은 그 당시 노예들에게 흔한 이름으로서 '유용한'이라는 뜻이었다. 그러나 그는 주인의 집에서 도망함으로써 이름과는 반대의 사람이 되고 말았다. 무익한 노예가 된 것이다. "이제는"이라는 말은 오네시모의 중생으로 말미암아 다시 유익한 사람이 되었음을 뜻한다. 무익하던(아크레스톤[ἄχρηστον]) 사람이 바울과 빌레몬에 유익하게(유크레스톤[εὔχρηστον])되었다. '사도 바울은 마치 오네시모의 이름이 과거에는 부적절했으나 이제는 적절한 이름이 되었다고 말하는 듯하다'(Alfred Barry "The Epistle to philemon", in *Ellicott's Commentary on the Whole Bible*, 4: 273). 이제 오네시모는 바울과 빌레몬에게 이중으로 유익한 사람이 되었다. 오네시모의 이름에서 착안한 바울의 지혜로운 말은 그의 간구를 더욱 설득력 있게 만들었다.

4. 진정한 부탁(12절)

12절 바울은 빌레몬에게 직접 문제를 꺼내 놓는다. "네게 그를 돌려보내노니." 빌레몬에게는 오네시모를 대면하기 전에 먼저 바울의 부탁에 대해 생각해 볼 기회가 없었다. 대신에 이제 오네시모를 대면한 후 옳게 판단하는 일만 남았다. 이 회심한 노예를 가리켜서 바울이 "내 심복"(스프랑크나[σπλάγχνα]. 참조, 7, 20절)이라 했으니, 빌레몬이 어찌 친구 바울의 부탁을 거절할 수가 있었겠는가? 바울은 우정을 가지고 설득하는 방법을 확실히 알고 있었다. 이 구절을 보면 오네시모가 직접 이 편지를 빌레몬에게 전달했으리라는 사실을 알 수 있다.

5. 동무로서의 부탁(17절)

17절 바울은 자신의 부탁이 오네시모를 위한 것이라는 점(10절)과 빌레몬이 선한 일을 위해 오네시모를 되돌려 보낼 수 있으리라는 점(15절)을 앞에서 언급했다. 이제 17절에서 바울은 자신의 부탁을 명백하게 제시한다. "그를 영접하라."

빌레몬이 바울을 동역자로 생각한다면, 그는 마치 바울을 맞이하듯 오네시모를 환영해야만 했다. 바울과 오네시모의 관계는 복음을 위한 동역자의 관계가 된 것이다. '동역자'는 코이노논(κοινωνόν)을 번역한 말이다. 이 단어는 바울이 이미 6절에서 사용한 코이노니아(κοινωνία)에서 온 표현이다. 만약 빌레몬이 오네시모를 거절한다면 그것은 친구요(NIV 성경 1절), 동역자요(1, 17절), 형제(7, 20절)인 바울을 거절하는 일이 될 것이다. 이러한 결과는 생각조차 할 수 없는 일이었다.

B. 관계성(13~16절)

1. 바울과 오네시모의 현재의 형제 관계(13절)

13절 이제 바울은 그리스도인이 된 이 노예의 위치를 빌레몬의 위치와 동등하게 놓는다. 바울이 오네시모를 자신에게 머무르게 한다면(사실 바울은 이것을 원했다) 오네시모는 빌레몬의 위치에서 바울을 섬길 것이었다. 빌레몬과 오네시모는 모두 바울에게 유익한 사람이었다. 복음을 위해 갇힌 바울은(참조, 1, 9절) 몇몇 조력자의 도움을 받을 수 있었다. 그러나 그는 오네시모를 돌려보내는 것이 마땅하다는 의무감 때문에 이러한 소원을 억제했다. 노예가 그 주인의 소유임을 인정했기 때문에 바울은 그를 돌려보낼 수밖에 없었다.

2. 바울과 빌레몬의 과거의 형제 관계(14절)

14절 노예를 머무르게 하는 것은 전적으로 주인의 승낙에 달렸다. 비록 바울이 빌레몬으로 하여금 오네시모를 로마에 머물게 하도록 권할 수도 있었으나, 바울은 자신과 빌레몬과의 우호 관계를 빙자해서 부당한 유익을 구하려 하지 않았다. 바울은 이러한 승낙이 자의로(헤쿠시온 [ἑκούσιον], 이 단어는 신약성경 가운데 오직 이곳에서만 사용되었다) 이루어져야 한다고 생각했다. 빌레몬이 오네시모를 자유롭게 하고 그를 로마로 되돌려 보내 바울을 돕게 할 것인지 여부는 미지수였으며,

이것은 흥미 있는 생각이었다.

3. 오네시모와 빌레몬의 미래의 형제 관계(15~16절)

15절 빌레몬이 일시적으로 오네시모를 잃은 것("잠시"라는 말은 문자적으로 '한 시간 동안'이다)은 그를 영원히 머무르게 하는 결과를 가져왔다. 도망친 노예들은 대도시에 숨어 살거나, 외딴 곳에서 피해 살수 있었다. 주인의 집으로 다시 되돌아가지 않을 수도 있었다. "영원히"(아이오니온[αἰώνιον])라는 말은 이 세상에서뿐만 아니라 영적으로 하늘에서도 머무르게 되었다는 것을 암시한다.

16절 바울은 빌레몬에 대한 오네시모의 지위를 종으로서의 지위와 사랑받는 형제로서의 새로운 지위로 대조한다. 또한 그는 자신을 포함한 세 사람을 모두 동등한 위치에 놓는다. 바울은 골로새서 4:9에서 오네시모를 가리켜 '사랑을 받는 형제'라 했다. 이 노예는 바울에게 사랑받는 자가 되었으며, 더욱 빌레몬에게 사랑받는 자가 되어야 한다(참조, 11절의 "이제는 나와 네게 유익하므로"). "특별히 사랑받는 형제로 둔다"는 것은 아마도 해방을 의미하는 말일 것이다(참조, 21절). 어떤 이들은 과거의 주인-노예 관계를 계속 유지하되 새로 된 영적 관계를 따라서 '주 안에서' 그를 받아들여야 함을 말한 것으로 보기도 한다. 그러나 여기서 바울이 언급하는 것은 주인-노예 관계가 아니라 인격적인 관계였다.

（17절에 대한 주해는 12절 뒤에 설명되어 있다.）

C. 서약(18~21절)

1. 오네시모의 빚을 바울에게 회계할 것(18~19절상)

18절 바울이 비록 오네시모의 불의를 구체적으로 언급하지는 않았지만, 오네시모가 빌레몬에게 끼친 재정적 손실을 지적하는 것으로 보인다. 오네시모가 빌레몬의 집에서 도망하면서 돈이나 물건을 도적질했는지도 모른다. 아니면 그가 주인의 집에서 일하지 않았다는 것 자체가 물질적 손실이었을 수도 있다. 바울은 이것으로 오네시모를 무섭게 책망하는 대신, "그가 만일 네게 불의를 하였거나 네게 빚진 것이 있으면"이라고만 썼다. 바울은 오네시모의 재정적인 빚을 자기 자신에게 "계산하라"(엘로가[ἐλλόγα])고 했다.

이러한 자비로운 생각은 십자가에 달리신 그리스도의 대속 행위와 비교된다. 오네시모가 빌레몬에게 빚이 있듯이 죄인들도 모두 빚진 자다. 이들은 하나님께 죗값을 치러야만 한다. 바울이 오네시모의 실수에 가담한 일이 없듯이, 그리스도도 죄가 없으신 분이시며 죄인들과 전혀 관계없는 분이셨다(히 4:15; 7:25). 또한 바울이 오네시모의 빚을 담당하려 한 것처럼 그리스도께서는 친히 세상의 죄악을 담당하셨다(사 53:6; 요 1:29; 히 7:27; 9:26, 28).

19절상 바울은 이 서신을 친필로 쓰고 있음을 밝히면서(참조, 갈 6:11), 오네시모의 빚을 갚겠다고 말한다. 그가 오네시모의 빚을 갚을 수 있는 경제적 여유가 있었던 것은 빌립보교회에서 그에게 보내 주는 부조가 있었기 때문이다(참조, 빌 4:14~19).

2. 바울에 대한 빚을 생각할 것(19절하)

19절하 "네 자신이 내게 빚진 것"이라는 구절은 빌레몬이 바울을 통해 예수님을 믿게 되었음을 보여 준다. 그는 바울에게 영적으로 빚진 자였다. 이것은 빌레몬과 오네시모가 바울에 대해 같은 위치, 즉 바울을 통해 주님께 나오게 되었음을 말한다. 빌레몬은 자신이 바울에게 진 빚을 생각한다면 오네시모의 빚을 탕감할 수 있을 것이다. 그러나 바울은 이에 근거해 오네시모의 빚을 해결하려 하지 않고 자신이 대신 갚겠다고 말했다.

3. 바울을 기쁘게 할 것(20절)

20절 오네시모를 환영하고 그를 되돌려 보내는 것은 주 안에서(참조, 16절) 바울에게 기쁨을 얻게 하는 것(give some benefit)이며, 그리스도 안에서 그의 마음을 평안하게 하는 것이다. '유익'(benefit[오나이멘: ὀναίμην])은 오네시모라는 이름과 같은 뜻을 나타낸다. 바울의 요구는 결국 '내가 오네시모 안에서 참된 유익을 발견했듯이 당신(빌레몬)에게서도 참된 유익을 얻게 하라'는 것이다. 평안(아나파우손[ἀνάπαυσόν])과 마음(스프랑크나[σπλάγχνα])은 7절의 말씀을 생각나게 하는 단어들이다. 다른 성도들의 마음을 평안하게 한 빌레몬은 기꺼이 바울에게도 그렇게 행할 것이다.

4. 바울의 요구 이상을 행할 것(21절)

21절 바울은 빌레몬이 자신의 부탁을 다 이행하리라고 확신했다. 순종이라는 말은 지금까지 바울이 했던 어떤 요구보다도 더 강력한 것이다. 바울은 빌레몬이 자신이 요구한 것보다 더 행할 것까지 확신했다. 바울이 요청한 것은 오네시모를 환영하고 용서하는 일이었다. 그렇다면 '더 행할' 것은 무엇이겠는가? 바울은 오네시모에게 자유를 주는 것을 염두에 두고 있었을 것이다(16절에서 노예로 둘 자가 아니라고 했다). 오네시모를 로마로 돌려보내는 것으로 보는 견해도 있지만, 이는 이미 13절에서 우회적으로 언급한 일이다. 빌레몬이 오네시모에게 자유를 준다면 이것이야말로 그리스도 안에서 참된 사랑을 행하는 것이며, 그리스도인들이 노예 제도에 끼칠 수 있는 영향을 보여 주는 일이 될 것이다.

Ⅲ. 끝맺음(22~25절)

A. 위안(22절)

22절 바울은 이제 자신을 위한 개인적인 부탁을 한다. "나를 위하여 숙소를 마련하라." 바울은 이 숙소가 빌레몬의 집에 마련되기를 원했던 것으로 보인다. 바울이 방문할 계획을 가지고 있다는 이러한 암시는 빌레몬에게 큰 위로가 되었을 것이며, 오네시모에 관한 바울의 요청을 서둘러 이행하도록 빌레몬을 자극했을 것이다. 손님 맞을 숙소를 준비할 수 있다는 것은 빌레몬의 경제적 여유를 보여 주는 것이다. 바울뿐만 아니라 당시의 많은 사역자들이 이러한 독지가들의 도움과 격려를 받았다.

바울은 많은 사람이 자신의 석방을 위해 기도하고 있음을 알고 있었다(참조, 빌 1:25~26). (빌레몬이 바울의 석방을 위해 기도하면서 어떻게 그의 요청을 거부할 수 있었겠는가?) "너희"라는 복수 표현으로 바울은 1~2절에서 언급한 빌레몬, 압비아, 아킵보 및 그들과 함께하는 모든 신자를 언급한다.

B. 형제의 문안(23~24절)

23~24절 골로새서 4:10~14에서 언급된 여섯 사람들 가운데 다섯 명

이 빌레몬에게 문안한다. 여기의 순서는 골로새서에서 언급된 순서와는 차이가 있다. 이 다섯 사람은 에바브라, 마가, 아리스다고, 데마, 누가이다. 골로새서에서는 "유스도라 하는 예수"도 언급되었다. 바울은 골로새서 4:12~13에서 에바브라를 매우 칭찬했는데 여기서는 "그리스도 예수 안에서 나와 함께 갇힌 자"라고 불렀다.

C. 축복(25절)

25절 바울은 자신의 모든 서신에서 한 문장의 문안으로 끝을 맺는다. "우리 주 예수 그리스도의 은혜가 너희 심령과 함께 있을지어다." 다른 서신들에서 나타나는 문안도 이것과 유사하다. "너희"라고 복수로 쓴 단어는 1~2절에서 언급된 사람들을 모두 포함하는 것이다. 이들은 이미 구속의 은총을 체험하고 있었다. 그러나 이곳과 3절에서 바울의 관심은 하나님이 이들과 함께하셔서 매일의 생활 속에서 그리스도인답게 살도록 인도해 주시는 데 있었다. '심령'(참조, 갈 6:18; 딤후 4:22)은 사람의 영적 자아를 의미한다. 바울의 문안은 이 애정 어린 서신을 은혜로운 말로 끝맺는다.

참고 문헌

- Barnes, Albert. *Barnes' Notes on the New Testament.* Grand Rapids: Kregel Publications, 1966.
- Barry, Alfred. "The Epistle to Philemon." In *Ellicott's Commentary on the Whole Bible.* Reprint(8 vols. in 4). Grand Rapids: Zondervan Publishing House, 1959.
- Carson, Herbert M. *The Epistles of Paul to the Colossians and Philemon.* Tyndale New Testament Commentaries. Grand Rapids: Wm. B. Eerdmans Publishing Co., 1960.
- Gromacki, Robert G. *Stand Perfect in Wisdom: An Exposition of Colossians and Philemon.* Grand Rapids: Baker Book House, 1981.
- Hendriksen, William. *Exposition of Colossians and Philemon.* New Testament Commentary. Grand Rapids: Baker Book House, 1964.
- Hiebert, D. Edmond. *Titus and Philemon.* Chicago: Moody Press, 1957.
- Jamieson, Robert; Fausset, A. R.; and Brown, David. *A Commentary Critical, Experimental and Practical on the Old and New Testaments.* Grand Rapids: Wm. B. Eerdmans Publishing co., 1974.
- Knox, John. *Philemon among the Letters of Paul.* Chicago: University of Chicago Press, 1935. Reprint. New York: Abingdon Press, 1959.
- Lightfoot, J. B. *St. Paul's Epistles to the Colossians and Philemon.* London: Macmillan and Co., 1879. Reprint. Grand Rapids; Zondervan Publishing House, 1979.
- Lohse, Eduard. *Colossians and Philemon.* Translated by William R. Poehlmann and Robert J. Harris. Philadelphia: Fortress Press, 1971.
- Moule, H. C. G. *The Epistles of Paul the Apostle to the Colossians and to Philemon.* Cambridge Bible for Schools and Colleges. Cambridge: At the University Press, 1906.
- Muller, Jacobus J. *The Epistles of Paul to the Philippians and to Philemon.* The New International Commentary on the New Testament. Grand Rapids: Wm. B. Eerdmans Publishing Co., 1955.

• Oesterly, W. E. "The Epistle to Philemon." In *The Expositor's Greek Testament*. Grand Rapids: Wm. B. Eerdmans Publishing Co., 1951.

• Rupprecht, Arthur A. "Philemon", In *The Expositor's Bible Commentary*, vol. 11. Grand Rapids: Zondervan Publishing House, 1978.

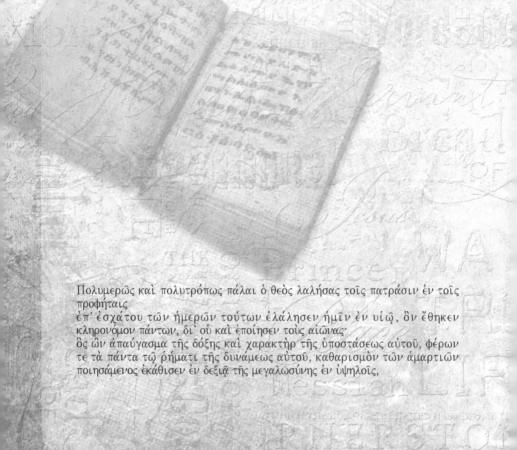

Πολυμερῶς καὶ πολυτρόπως πάλαι ὁ θεὸς λαλήσας τοῖς πατράσιν ἐν τοῖς προφήταις
ἐπʼ ἐσχάτου τῶν ἡμερῶν τούτων ἐλάλησεν ἡμῖν ἐν υἱῷ, ὃν ἔθηκεν κληρονόμον πάντων, διʼ οὗ καὶ ἐποίησεν τοὺς αἰῶνας·
ὃς ὢν ἀπαύγασμα τῆς δόξης καὶ χαρακτὴρ τῆς ὑποστάσεως αὐτοῦ, φέρων τε τὰ πάντα τῷ ῥήματι τῆς δυνάμεως αὐτοῦ, καθαρισμὸν τῶν ἁμαρτιῶν ποιησάμενος ἐκάθισεν ἐν δεξιᾷ τῆς μεγαλωσύνης ἐν ὑψηλοῖς,

The Bible Knowledge Commentary 28

Hebrews
서론

서론

히브리서는 신약성경 중에서도 보물 창고와 같은 서신으로, 귀중한 말씀이 기록된 책이다. 이 책은 주 예수 그리스도의 인격과 사역을 신약의 다른 증언들과는 다른 독특한 관점에서 증언함으로써 예수 그리스도의 성육신, 대속의 죽음과 그분의 제사장직의 교리를 확립하는 데 막대한 공헌을 했다. 본 서신은 이 외에도 새 약속과 옛 약속과의 관계성을 포함한 구약의 해석 및 신앙생활 등을 조명해 주는 무수한 진리를 증언한다. 만약 이렇게 성령의 감동으로 쓰인 서신이 없었더라면 우리의 교회는 말할 수 없는 영적 가난을 겪었을 것이다.

그러나 의심할 여지가 전혀 없는 본 서신의 가치에도 불구하고 본 서신의 배경이나 저작성의 문제에 관해서는 알려진 것이 너무도 없다. 물론 이러한 사실들에 대한 무지가 본 서신이 들려주는 말씀을 이해하는 데 심각한 영향을 준다고 볼 수는 없다. 어떠한 여건이나 환경에서든지 그것은 시간을 초월해 상관성을 가지기 때문이다.

저작 연대

히브리서의 배경을 이해하려면 무엇보다 먼저 저작 연대에 관해 알

아보는 것이 합리적이다. 이 연대는 비교적 명확한 한계 안에서 추정된다. 먼저 본 서신은 AD 95년 이후에 쓰였다고 보기는 어렵다. 이 시기에 이미 본 서신이 로마의 클레멘트에게 알려져서 그에 의해 클레멘트 I서에 이미 인용되었기 때문이다. 더 나아가 그 연대를 AD 70년 이후로 잡기도 어려운데, 그것은 히브리서에 예루살렘의 유대 성전 파괴에 대한 언급이 전혀 없다는 데 그 근거를 둔다. 만약 본 서신이 예루살렘 성전 파괴 이후에 쓰였다면, 저자가 구약의 제사 제도의 종결에 관해서도 분명한 언급을 했을 것이기 때문이다. 오히려 우리가 본문에서 보는 바와 같이 저자는 이 구약적인 제도가 아직도 기능을 발휘하는 상태에 있는 것으로 여기고 있음을 본다(참조, 8:4, 13; 9:6~9; 10:1~3).

또한 히브리서 2:3이 예수 그리스도 이후의 기독교 2세대를 의미하고 있다고 볼 필요도 없다. 오히려 본문은 저자가 이미 알고 있던 디모데의 생존 기간(13:23)에 쓰였음이 아주 분명하다. 만약 바울이 저자가 아니라면 (사실상 전체적으로 봐서 그가 아니라고 생각된다. 참조, 아래 '저자'의 내용) 히브리서 13:23은 바울이 이미 사망했다는 것을 나타내고 있는지도 모른다. 그렇지 않았다면 디모데는 출옥 후 바울과 합류하려고 했을 것이기 때문이다. 이러한 전후 사정으로 미루어 저작 연대는 AD 68년이나 69년으로 추정함이 바람직하다.

저자

예로부터 많은 이름이 본 서신의 저자로서 거론되어 왔으나, 이 히브리서의 저자가 누구인가 하는 의문은 아직도 풀리지 않았다. 바울의 저작이라는 전통적 견해는 가장 오래전부터 주장되어 온 것인데, 사실 지금까지도 그 가능성이 완전히 배제 것은 아니다. 이 서신이 바울적인 요소를 풍기고 있다는 의견이 판테누스(AD 190년경 사망) 시대에 알렉산드리아에서 대두되었다. 알렉산드리아의 클레멘트는 바울이 히브리 원어로 본문을 썼고, 후에 누가가 이것을 헬라어로 번역한 것이라 주장하기에 이르렀다. 또한 오리겐은 문학 양식의 근본이 바울의 저작과는 다르다는 측면에서 의심했으나, '오직 하나님만이 누가 이 책을 썼는가를 아실 것이다'라는 의미심장한 말을 남기며 바울의 저작이라는 전통적인 견해에 굳이 맞서려고 하지는 않았다. 바울 저작설은 근래까지 주로 동방에서 주장되어 왔으며, 제롬과 아우구스티누스는 서방에까지 그 설(說)을 대중화하는 역할을 했다.

그러나 현대에 이르러서는 그 문체나 내적인 특징으로 미루어 바울 저작설이 배제되고 있는 추세다. 아직도 히브리서를 헬라어로 읽을 때 그 안에서 풍기는 영적인 내음이 바울의 다른 서신들과의 유사성을 인정할 수밖에 없음도 사실이지만, 아주 미묘하게 다른 점이 많다는 사실도 부인할 수 없다. 그러나 초대교회의 전통이 오직 바울만을 그 저자로 증언했다면, 이러한 다소 주관적인 추론도 등장할 수 없었을 것이다.

사실상 초대교회 시대에 이미 바울의 전 선교 동역자 바나바 저작설이 유포되고 있었음이 그 하나의 예다. 이 설은 서방의 터툴리안(약 AD 155~230)에 의해 제일 먼저 제기되었다. 그는 한 논쟁적인 글에서 바나바의 서신이라는 이름하에 히브리서를 인용했다. 게다가 그는 이것이 자신만의 의견이라고 표현하지 않고 오히려 독자들이 이미 주지하고 있는 사실임을 암시한다. 바나바가 히브리서를 썼다고 하는 견해는 후에 제롬에 의해서도 언급되었고, 4세기의 저작자였던 엘비라의 그레고리와 필라스터에게서도 찾아볼 수 있다. 또한 코덱스 클레어몬타누스(Codex Claremontanus)라고 불리는 서방 사본에서 발견된 고대 정경 목록에서도 히브리서는 바나바의 서신이라는 부제로 기록되어 있다. 바나바의 저작이라는 증거는 그리 충분하다고 할 수 없겠으나 그것들이 서방에서 나왔다는 사실은 나름대로 의미가 있다. 히브리서에서 언급되는 유일한 지명이 이달리야(이탈리아, 13:24)이므로 바나바의 저작이 사실이라면 그 설이 이 지역에서 유포되었다는 것은 자연스러운 일이기 때문이다.

또 다른 측면 즉, 바나바가 레위인이었다는 사실(행 4:36)은 히브리서 저자가 관심 있게 묘사하는 레위 제도와 깊은 연관을 지을 수 있고, 그가 바울과 깊은 연대를 맺고 있었다는 점에서 히브리서에 나타나는 바울적인 사상 문제 역시 설명될 수 있다는 것이 바나바 저작설에 신빙성을 더한다. 게다가 바울의 제1차 전도 여행지에서 개종했던 디모데가(행 16:1~3) 이미 바나바에게도 잘 알려졌을 것이므로 만약 히브리서를 쓸 당시에 바울이 이미 고인이었다면 디모데가 바울의 전 동역자인 바나바를 만나려고 한 것도 극히 자연스럽다(13:23). 바울과 바나바 사이의 불화(행 15:37~39)는 이미 화해로 끝났고, 후에 바울은 바나바의 사촌 마가에 대해 호의적으로 언급했다(참조, 골 4:10; 딤후 4:11).

물론 바울 저작설이 완전히 배제될 수 없는 것처럼 바나바 저작설도 완전히 증명할 수 없다. 단지 다른 설보다 가능성이 조금 더 큰 편이다. 때때로 로마의 클레멘트, 누가, 실비누스, 전도자 빌립, 브리스길라와 아볼로 등도 히브리서의 저자로 주장되어 왔다. 이 중 아볼로 저작설은 몇몇 현대 학자들에 의해서도 지지를 받고 있다. 마틴 루터에서 유래하는 이 설은 비교적 그 증거가 취약하고, 바나바 저작설의 경우와 달리 초대교회의 전통적 지지를 전혀 받지 못했다.

이상의 여러 견해를 종합해 볼 때, 우리는 다음과 같은 결론을 내릴 수 있을 것이다. 만약 바나바가 히브리서의 실제 저자라면 이미 그가 사도로 불렸기 때문에(행 14:4, 14) 히브리서의 사도적 전통은 자연스럽게 주장되며 그 외의 어떤 경우에도 히브리서의 성서적인 권위가 뚜렷이 드러나고 있다는 사실 역시 명백하다.

역사적 배경

히브리 서신을 처음 받은 독자들에 관해서는 이 서신의 저자와 마찬가지로 그리 알려지지 않았다. 그럼에도 불구하고 그들이 어떤 특정한 공동체에 속한 사람들이라는 것은 명백하다. 즉, 이 독자들은 나름대로의 특이한 역사를 지니고 있었고, 저자는 그들의 "전날"(10:32~34)에 대해서 언급했으며 그들이 다른 그리스도인들에게 베푼 과거와 현재의 관대함(6:10)에 대해서도 알고 있었다. 또한 그들의 현재 영적 상태까지도 소상하게 파악하고 있었다(5:11~14). 게다가 저자는 그들과 밀착된 관계를 맺고 있었으며, 또한 디모데와 함께 그들을 방문하려는 의도를 나타내기도 했고(13:19, 23) 그들에게 기도를 요청하기도 했다(13:18).

이러한 모든 점을 생각해 볼 때 독자들은 주로 유대적 배경을 가진 사람들이었을 것이다. 비록 가끔씩 이 주장에 의문이 제기되고는 있지만, 서신의 내용 자체가 강력하게 이 추론을 뒷받침한다. '히브리서'라는 제목 자체가 하나의 추측일 수도 있겠으나 어쨌든 그것은 자연스럽게 붙여진 이름이다. 이 서신의 독자들이 이방인이었다고 주장할 만한 점이 발견된다 하더라도 본 서신의 저자가 유대적 원형(prototypes)과 레위 제사 제도의 영원성을 열렬하게 논증하려는 그 강하디강한 유대적 경향, 나아가 유대 신앙에로의 복고주의적인 경향에 적극적으로 반대했다는 점은 결코 간과할 수 없다. 매우 비중 있게 그리고 광범위하게 구약성경의 권위에 호소했다는 것 자체가 바로 그 구약성경의 토양에서 자라 온 사람들을 겨냥하는 것이라는 추론을 매우 자연스럽게 이끌고 있다!

이 서신의 독자들이 어디에서 살았느냐는 문제 역시 명확하지 않다. 아볼로가 라이커스 계곡(골로새가 있던 곳)의 교회들, 혹은 고린도의 교회들에 편지를 썼다고 하는 견해는 저자가 누구인가 하는 문제와 무관하지 않다. 또한 독자들이 로마교회에 속한 유대 그리스도인들이라는 견해 역시 상당한 호응을 받는다. 그러나 "이달리야에서 온 자들"(13:24)이란 언급 이외에는 로마라는 특정한 지명을 암시해 주는 다른 구절을 찾아볼 수 없다. 이에 반해 바나바 저작설은 키프러스를 그 장소로 주장하는데, 그 이유는 바나바가 원래 키프러스인이었기 때문이다. 그러나 이 모든 가설은 그 어느 것도 결정적인 증거를 제시하지 못했다.

팔레스틴이 이 서신의 목적지라는 설도 최근에 상당한 호응을 불러일으키고 있는데, 그것은 이 서신 저작자의 주요 논점이 쿰란 공동체에서 발견되는 것과 같은 유대주의의 분파적 형태에 직접적인 비판을 가함에 그 초점을 두고 있기 때문이다. 이와 관련 있는 많은 사실이 아주 인상 깊게, 본 주해에서 소개될 것이다. 특히 본 서신의 저자가 고대 이스라엘의 광야 경험을 불신과 실패의 시대로 본다는 것은 광야 생활을 이상화시켜 왔던 쿰란 공동체와 극적인 대조를 이룬다.

그러나 이 팔레스틴설 역시 문제가 없는 것은 아니다. 한 예로 그들이 처음에 주의 말씀을 들은 자들로부터 주에 관한 지식을 얻었다는 언급(2:3)은 그 독자들이 피선교 지역에 거주했다는 추론을 자연스럽게 유도하는 것 같다. 팔레스틴 지방, 특히 예루살렘에서는 많은 독자들이 이미 개인적으로 예수 그리스도에 대해 이야기를 들었을 것이다. 더욱이 가난한 자들에게 관대히 베풀라는 언급(6:10)은 그 장소가 예루살렘이었을 가능성을 더욱 배제한다. 왜냐하면 그곳의 궁핍은 좀 더 후기에 만연했기 때문이다(참조, 행 11:27~29; 갈 2:10). 또한 12:4이 그 공동체에는 아직 순교자가 없다는 것을 의미한다면 팔레스틴설, 최소한 예루살렘설은 거의 결정적으로 배제된다. 그러나 저자가 오직 자기 독자들만이 그러한 희생을 아직 치루지 않았다는 점을 의미했다고 볼 수도 있다.

만약 바나바가 이 서신의 저자라면 북아프리카의 고대 리비아 도시인 구레네(Cyrene)가 모든 구비 요건을 갖춘 장소로 대두된다. 구레네는 BC 630년경 그리스의 식민지였으나 로마 시대에는 괄목

할 만한 영향력을 가진 유대 공동체가 그곳에 위치하고 있었다. 그곳에 기독교가 정착한 것은 상당히 이른 시기였을 것이라고 추측된다. 왜냐하면 시리아의 안디옥교회가 구브로와 구레네로부터 보냄을 받은 선교사들에 의해 전도되었다는 사실(행 11:20)이 기록되어 있기 때문이다.

특히 바나바가 구브로 출신이기 때문에 이 문제에 있어서 구브로와 구레네의 연관 관계가 흥미를 끈다. 바나바가 안디옥교회에서 목회했을 때 동역자였던 "니게르라 하는 시므온과 구레네 사람 루기오"(행 13:1)가 있었던 것을 통해 시므온의 다른 이름, 즉 니게르는 '검다'는 뜻으로 그가 자기 동료 루기오처럼 북아프리카 출신임을 말한다고도 추론할 수 있다. 그가 예수님의 십자가를 짊어졌던 구레네의 시몬(눅 23:26)과 동일인인지는 분명하지 않다. 이 구레네 사람 시몬에게는 복음서가 처음 출판된 로마교회에 이미 알려졌을 가능성이 있는 알렉산더와 루포라는 두 아들(막 15:21)이 있었다. 그 어떤 경우에든 우리는 구레네 그리스도인들과 로마 그리스도인들의 접촉을 상상할 수 있다. 이달리야에 대한 언급(13:24)이 이러한 상상의 가능성을 더욱 뒷받침한다.

만약 어떤 유대 광야 분파주의와의 연관을 의식한다면 구레네가 유목 생활의 풍습이 있던 광야 주변에 위치했다는 사실이 중요한 의미를 가지게 된다. 저자가 헬라어 단어 오이쿠메네(οἰκουμένη, 1:6과 2:5에서 '세상'으로 번역)를 사용한 것은 구레네인의 어떤 특별한 지점을 뜻하고 있을 가능성이 있다. 그 단어는 일반적으로 로마 제국의 영역을 의미하는데, 로마 오이쿠메네의 남쪽 경계선은 구레네와 그리 멀리 떨어져 있지 않았다. 복잡한 도시 생활이나 타락한 유대 사회로부터 떨어져 살려는 것이 팔레스틴 땅에만 국한되었던 현상이라고 보기는 어려우므로 일부 광야 분파주의자들이 구레네 근처의 광야 지역에 존재했다는 추론도 가능하다. 이미 이집트 알렉산드리아 근처의 호숫가에서 한 무리의 유대 분파가 거주하고 있었다는 역사적 사실이 필로에 의해 알려진 바가 있다.

이상의 모든 가설을 종합해 볼 때, 이 히브리 서신의 배경으로 가장 무리 없이 받아들일 수 있는 것은 아마도 대개는 유대인의 신분을 가진 어떤 기독교 교회, 즉 예를 들어 구레네와 같은 도시의 유대계 기독교 교회라는 가정일 것이다. 그들은 주위의 수많은 불신자 유대인들로부터 끊임없이 반복되는 압력을 받음으로써 결국에는 기독교 신앙을 포기하고 예전의 믿음으로 되돌아가고 싶은 유혹을 계속 받아 온 이들일 것이다. 특별히 그들을 미혹케 했던 믿음의 형태가 쿰란 공동체에서의 그것과 유사한 형태의 분파주의였다면 본 서신에서 저자가 강조하는 많은 내용들이 더욱 적절하게 들어맞게 된다(본 주해에서는 이 점에 관해 더욱 관심을 가질 것이다).

문명화된 삶을 등지고 광야의 경험으로 들어가려는 유혹은 히브리 서신에 나타나는 유혹의 형태와 너무도 흡사하다. 주 예수의 운명적 사역은 온 세상(οἰκουμένη, 2:5)을 통치하는 것이며, 그분을 신실하게 믿고 따르는 자들 역시 그 통치에 참여할 것이다(참조, 12:28). 그러므로 그들은 기독교 신앙에 철저히 매달려야 한다.

결론적으로 우리는 저자에 대한 설(說)과 마찬가지로 이 서신의 수신지에 관해 거의 확실한 증거를 갖지 못한 상태다. 그러나 누가 이 서신을 썼든 또한 이 서신이 어디로 보내졌든, 기독교 교회가 수세대를 거치면서도 히브리서가 하나님의 아들을 통해 명확히 말씀하시는,

능력 있게 선포된 하나님의 메시지로 바르게 전해 왔다는 사실이 중요
하다.

The Bible Knowledge
Commentary

개요

III. 하나님의 아들—제사장(5~10장)

A. 소개: 자격 있는 제사장(5:1~10)

1. 대제사장으로서의 일반적 요건들(5:1~4)
2. 제사장직에 대한 아들의 소명(5:5~10)

B. 세 번째 경고(5:11~6:20)

1. 미성숙함의 문제(5:11~14)
2. 문제의 해결(6:1~3)
3. 진보의 회피(6:4~8)
4. 격려(6:9~20)

C. 위대한 제사장과 그분의 위대한 사역(7:1~10:18)

1. 우월한 제사장(7장)
   a. 멜기세덱의 위대함(7:1~10)
   b. 옛 것을 폐기하는 새로운 제사장직(7:11~19)
   c. 새 제사장의 우월성(7:20~28)

2. 우월한 봉사(8:1~10:18)

    a. 우월한 봉사의 소개(8:1~6)

    b. 우월한 언약(8:7~9:15)

    c. 우월한 희생(9:16~28)

    d. 새로운 제사장직의 우월한 영향력(10:1~18)

D. 네 번째 경고(10:19~39)

    1. 기본적 교훈(10:19~25)

    2. 강조되는 경고(10:26~31)

    3. 강조되는 격려(10:32~39)

Ⅳ. 신앙의 응답(11~12장)

  A. 신앙생활(11장)

    1. 서론(11:1~3)

    2. 신앙에 대한 하나님의 응답(11:4~16)

    3. 다양한 신앙 경험들(11:17~40)

  B. 마지막 경고(12장)

    1. 개론적 교훈(12:1~2)

    2. 그들의 생각만큼 사태가 절망적이지 않음을 상기시킴(12:3~11)

    3. 새로운 영적 활력으로의 부름(12:12~17)

    4. 마지막 경고(12:18~29)

Ⅴ. 후기(13장)

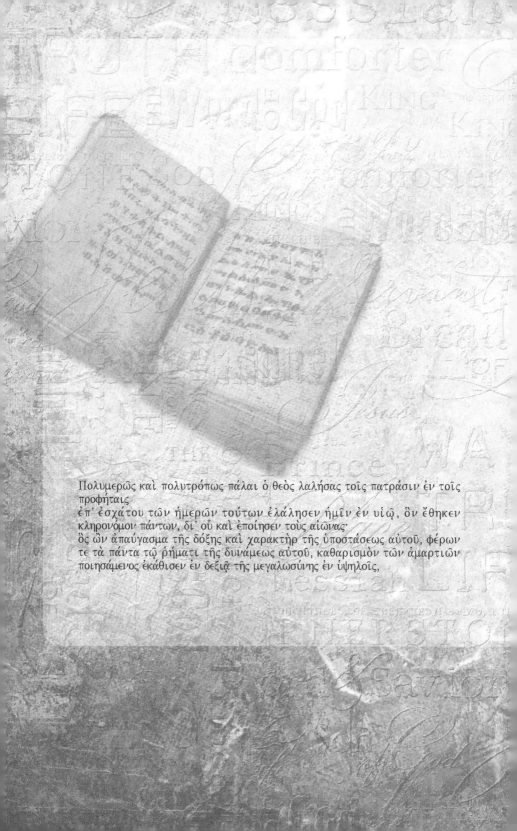

Πολυμερῶς καὶ πολυτρόπως πάλαι ὁ θεὸς λαλήσας τοῖς πατράσιν ἐν τοῖς προφήταις
ἐπ᾽ ἐσχάτου τῶν ἡμερῶν τούτων ἐλάλησεν ἡμῖν ἐν υἱῷ, ὃν ἔθηκεν κληρονόμον πάντων, δι᾽ οὗ καὶ ἐποίησεν τοὺς αἰῶνας·
ὃς ὢν ἀπαύγασμα τῆς δόξης καὶ χαρακτὴρ τῆς ὑποστάσεως αὐτοῦ, φέρων τε τὰ πάντα τῷ ῥήματι τῆς δυνάμεως αὐτοῦ, καθαρισμὸν τῶν ἁμαρτιῶν ποιησάμενος ἐκάθισεν ἐν δεξιᾷ τῆς μεγαλωσύνης ἐν ὑψηλοῖς,

The Bible Knowledge
Commentary 28

Hebrews
주해

The Bible Knowledge
Commentary

주해

I. 서론(1:1~4)

장엄하게 구성된 서문의 구절들을 통해 저자는 주 예수 그리스도의 뛰어난 위대성을 소개하고, 하나님의 계시를 위한 가장 우수한 전달자로서의 아들을 선포한다. 이 사실을 확정함에 있어 저자는 그 아들을 내면적으로는 구약의 예언자와, 표면적으로는 천사들과 대조한다.

1:1~2상 서론의 핵심이 여기에서 잘 표현되었다. 비록 하나님이 여러 부분과 여러 모양으로(폴루메로스 카이 폴루트로포스[πολυμερῶς καί πολυτρόπως: 문자 그대로 옮기면 다양한 수단과 다양한 방법으로]) 그분 자신을 옛적에 계시하셨으나 그 구약의 계시는 이제 하나님의 아들을 통해 마지막 절정을 이루게 된다. 저자는 독자들에게 과거의 계시를 아무리 귀히 여긴다 할지라도 이제는 그 아들의 계시에 더욱 귀를 기울여야 할 것임을 강조한다.

1:2하~4 헬라어로는 하나의 문장을 이루는 일련의 종속절인데, 저자

는 이 구절을 통해 그 아들의 위대함에 대해 설명한다. 아들이 '만유의 상속자'로 세움을 받았다고 증언한다. 이것은 그가 그 모든 것을 만든 자, 홀로 세계(투스 아이오나스[τοὺς αἰῶνας]: 문자적으로 '세대'[世代]로 옮길 수도 있으며 11:3에서와 같이 '세계'[the universe]로 옮길 수도 있다)를 만드신 바로 그분의 아들이기 때문에 당연한 사실인 것이다. 저자가 이렇게 처음부터 그 아들이 후계자임을 언급하는 것은 후에 그 아들의 미래 통치에 관해 많은 것을 증언하려는 데 그 의도가 있다. 창조자이며 동시에 후계자인 그분은 그야말로 그 안에서 말씀하시는 하나님의 완벽한 형상이다. 게다가 그분의 말씀은 너무 강력해서, 그분에 의해 지어진 모든 것은 그 말씀에 의해 이루어진다. 또한 죄를 정결하게 하시고 높은 곳에 지극히 크신 이의 우편에 앉으신 분이 바로 이분이다(참조, 8:1; 10:12; 12:2). 이러한 면에서 그분이 어떤 천사들보다 훨씬 위대한 위치에 있다는 것이 명백하다.

우리가 거의 모든 글의 서론에서 쉽게 찾아볼 수 있는 바와 같이 본문 서론에서도 앞으로 저자가 전개하려는 주장의 요지를 찾아볼 수 있다. 즉 그분의 아들 안에서 나타나는 하나님의 계시가 예전의 그 모든 것들보다 우월성을 갖는다는 암시가 그것이다. 더욱이 죄를 정결하게 하는 행위는 그 어떤 제사의 희생보다 우월한 것이며, 결국 그 아들의 이러한 위대성은 천사들의 권위까지 불필요하게 한다고 본다. 비록 서론에 표면적인 경고 구절은 포함되어 있지 않지만, 다음과 같은 암시적 교훈을 내포한다. '이분이 하나님의 위대하신 아들이니 이분 말씀을 잘 들어라!'(참조, 12:25~27)

II. 하나님의 아들-왕(1:5~4:16)

본 서신의 본론은 여기에서 시작되며 4:14~16의 극적인 호소를 통해 독자들에게 모든 수단을 다해 "은혜의 보좌"로 나갈 것을 강력히 권면한다. 이 단원의 강조점은 다윗의 언약과 같이 왕이 될 자격이 있는, 왕의 아들로서의 예수 그리스도와 그분의 아들 됨에 있다.

A. 높이 들리신 아들-왕(1:5~14)

구약성경의 증언을 무게 있게 인용함으로써 저자는 아들의 유일성을 표현한다. "아들"이라는 칭호는 다른 천사들과의 비교 대열에서 그분을 두드러지게 한다. 이 히브리 서신과 유대 분파주의와의 연관성을 주장하는 이들은 바로 이 점에서 사해 지역에 살던 분파의 고도로 발달된 천사론을 지적한다. 바로 이 구절들이 천사들에게 어떠한 우월성도 허용하지 않는 근거를 제시하기 때문이다.

1:5 본문의 두 질문들은 "아들"이라는 명칭이 결코 천사들에게는 속할 수 없는 메시야에 해당하는 것임을 보여 준다. 아들은 명백히 예수가 기업으로 얻은(4절) 아름다운 이름이다. 사실상 저자의 근본 관심은 이 이름이 종국적으로 왕적인 의미를 갖는다는 데 있다.

5절 하반절이 사무엘하 7:14 혹은 역대상 17:13에서 인용된 반면, 5절 상반절은 시편 2:7로부터 인용되었다. 시편 2편은 하나님이 다윗 왕을 그분의 아들로 받아들이는(adopts) 장면을 묘사한 대관식 시편이다. 저자가 히브리서에서 깨우쳐 주려는 요점이 바로 5절 상반절의 다윗 언약(Davidic Covenant)의 계승에 대한 인용에서 나타난다. "오늘 내가 너를 낳았다"는 표현은 히브리서 저자에게는 곧 하나님의 우편에 앉으시는 메시야 등극을 의미한 것이다(참조, 3절).

물론 주 예수 그리스도는 영원한 하나님의 아들이다. 그러나 구약 성경에서도(욥 38:7 난외주) 천사들을 '하나님의 아들들'로 묘사한 적이 있기에 저자는 다윗의 대를 이어 온 세계를 다스릴 분(참조, 시 2:8)에 합당한 칭호로 아들이라는 명칭을 강조한 것이다. 이러한 의미에서 결코 천사들에게는 아들이라는 호칭을 붙일 수가 없었던 것이다. 오직 예수에게만 합당했다.

1:6 최상의 칭호를 가진 분의 특권이 이 구절에서 묘사되기 시작된다. 이 구절을 NIV에서는 "And again, when God brings his firstborn into the world"라고 했으나 그보다는 "and when He again brings the firstborn into the world"라고 옮김이 문맥에 더욱 적절할 것이다. 여기서 말하는 때는 재림의 때다. 천사들이 나타나 경배함으로써 아들의 왕으로서의 특권을 깨닫게 될 때, 즉 왕의 특권을 부여받았음을 알게 될 때를 말한다.

1:7~9 두 개의 대조되는 인용을 통해, 저자는 천사들의 섬김(7절)과 그 아들의 영원한 통치(8~9절)를 병립시킨다. 아마도 저자는 여기에서 천사에 대한 유대인들의 한 사상(참조, 제2에스드라서 8:21~22)과 관련해 시편 104:4(1:7에 인용)을 이해하고 있는 것 같다. 즉 천사들은 하나님이 그들에게 부과하신 직무들을 행할 때 그들의 변화무쌍한 본체

를 바람이나 불꽃과 혼합할 수도 있다는 것이다. 그러나 이러한 천사들의 가변성과는 대조적으로 그 아들의 보좌는 영원하고 불변하는 것이다(8절).

8~9절은 하나님이 구세주이자 왕이 되심을 최종적으로 선포함을 묘사하는 시편 45: 6~7에서 인용된 것이다. 저자는 여기에서 이전 것들보다 훨씬 길게 인용절을 취했는데, 그것은 이 시편 구절이 히브리서에서 저자가 증거해 보이려는 진리를 밝히는 데 도움이 되기 때문이다. 시편 기자가 증거하는 왕은 의를 사랑하시고 불법을 미워하는 왕이었다. 히브리서 저자는 이 점과 이 세상에 계실 때의 그리스도의 거룩함과 순종의 관계성을 반복해 증거하려 한다(참조, 3:1~2; 5:7~8; 7:26; 9:14). 그러므로 왕이 최상의 즐거움을 혼자 누릴 만한 자격이 충분히 있으나 그럼에도 불구하고 그 기쁨 안에서 친구들(동류들)이 언급되고 있음에 주목해야 한다. 친구를 나타내는 단어 메토코이(μέτοχοι: 친구들 혹은 공유자들의 의미)가 3:1, 14절과 12:8에서는 그리스도인들을 지칭하는 데도 쓰였다. 그 왕이 일생 동안 꾸준히 의(義)의 생활로 왕의 즐거움과 통치를 획득했으므로 그의 동료들 역시 같은 방법으로 왕의 경험을 나눌 것이라는 결론이 여기에서 암시되고 있는지도 모른다. 이러한 추론은 후에 더욱 명백해질 것이다(참조, 12:28).

1:10~12 아들이자 왕이신 그분의 불변성이 시편 102:25~27의 인용절에서 더욱 강조된다. 접속사 '또'(καί, NIV 성경은 "He also says"라고 번역)가 이 인용구들을 위 8~9절의 인용구들과 간단하게 연결시킨다. 저자가 아들에 관해 말한 시편 102편을 인용한 것은 합리적이다. 이때

그 아들은 주(Lord)가 되시며 땅과 하늘을 창조하시는 분임이 증거된다(참조, 1:2). 심지어 현재의 창조물이 옛날 옷처럼 낡아서 새로운 것으로 바꿔야 할 때조차도 그 아들은 여전히 존재하실 것이다. 여기에서의 하늘과 땅에 관한 언급은 천년왕국(Millennium) 이후에 일어날 영원한 지배(벧후 3:10~13)를 의식한 것이다. 즉 어떠한 격변 이후에라도 그 아들의 시대는 결코 끝나지 않을 것이다. 이것은 분명히 그 아들의 영원성을 가리키며 나아가 영원한 왕관과 왕 및 그분의 동료들과 함께하는 영원한 기쁨까지도 내포한다. 여기에서 저자는 구세주의 왕국이 창조물의 마지막 대변혁 이후에도 지속될 것이라는 점을 명백히 가르친다(참조, 12:26~28).

1:13~14 이 부분에서 저자는 결정적인 구약성경 인용을 통해 이 서신 전체를 포괄하는 사상을 끌어낸다. 그 인용은 시편 110편으로부터 빌려 온 것으로, 저자는 후에 예수 그리스도와 멜기세덱 반열의 제사장직의 연관성을 묘사할 때도 이 시편을 인용한다. 여기에서 저자는 시편 110:1을 인용함으로써 그의 원수들에 대한 그 아들의 최종 승리를 찬란하게 묘사한다. 만약 그 아들이 영원한 왕좌(1:8)를 차지한다면 그러한 승리가 그분에게는 아주 당연한 것이다. 그러나 그 승리는 그분의 것이지 결코 천사의 것은 아니다. 천사들의 역할이란 "구원받을 상속자들을 위하여 섬기는 것"뿐이다.

그러나 여기에서의 구원은 믿는 이들의 과거의 중생 경험을 뜻하는 것은 아니다. 오히려 문장의 맥락이나 'will inherit'라는 미래 시제 동사의 사용은 그 구원의 미래성을 암시한다. 항상 그래 왔듯이 여기에서도 히브리서 저자는 구약성경에 흐르는 사상의 기풍을 크게 의식하고 있으며, 그로부터 여러 인용구들이 그의 주장의 핵심을 형성한다. 이러한 맥락에서 저자는 특별히 구원에 대해 매우 세련된 감각으로 표현된 시편을 이 장에서 인용한 것이다. 시편에서 이 '구원'이라는 단어는 하나님의 백성이 그들의 원수들의 억압에서 건짐을 받는 것과 이러한 하나님의 축복에 대한 그들의 기쁨을 묘사하는 데 반복적으로 나타난다. 저자가 익숙하게 사용한 헬라어로 작성된 70인역 성경(Septuagint)에서도 역시 구원을 뜻하는 단어 소테리아(σωτηρία)가 이와 같은 의미로 시편 3:2, 8; 18:2, 35, 46, 50; 35:3; 37:39; 71:15; 118:14~15, 21; 132:16 등에 사용되었다. 이러한 의미에서의 구원은 그 아들의 적들에 대한 승리를 언급할 때 아주 적합한 단어다.

이 서신의 원독자들이 외부적인 압력 하에 있었다는 것은 거의 의심할 여지없는 사실이다. 그들은 과거에 박해를 견뎌 냈고 지금도 굴복하지 말라고 격려받고 있다(10:32~36). 이러한 시점에서 저자는 그들에게 최종적인 승리는 왕이신 하나님께 속한 것이며 천사들이 후에 그 승리에 동참할, 즉 구원을 상속받을 이들을 위해 봉사하고 있다는 점을 상기시킨다.

B. 첫 번째 경고(2:1~4)

이제 저자는 더 이상의 논리 전개에 앞서 독자들에게 본문에 기록된 일련의 긴급 경고 다섯 번 중 가장 처음의 경고를 기록한다(나머지는 3~4장; 5:11~6:20; 10:19~39; 12장). 이것은 다섯 번의 경고 중 가장 단순한 형태지만 그 의미는 매우 크다.

2:1 1장에서 저자가 선언한 진리는 참으로 의미심장한 것이다. "그러므로"라는 접속어는 이제부터 이야기할 교훈이 앞에서 언급한 내용들과 직접적으로 연결된 것임을 보여 준다. 그 아들이 너무도 위대해서 그의 대적들을 압도하는 승리를 거둔다는 사실에 독자들이 더욱 유념해야 한다는 뜻이다. 만약 그렇지 못한다면 그들은 그저 "흘러 떠내려"(파라루오멘[παραρυῶμεν], 이 단어는 신약성경 중 오직 이곳에서만 나타난다)갈지도 모른다. 저자에게는 그의 독자들이 아직 영적으로 성숙하지 못하고 태만한 상태에 있다(참조, 5:11~12)고 보였던 것이 계속적인 경고의 요인이었다. 이때 아마도 저자는 파라루오멘(παραρυῶμεν)이라는 단어가 쓰인 70인역 성경의 잠언 3:21("나의 아들아, 네 맘대로 말고 나의 조언과 나의 뜻을 지켜라")을 심중에 두고 있었을 것이다.

2:2~4 천사들을 통해 수행되던(갈 3:19) 구약시대에는 그 계약을 위반했을 때 혹독한 처벌이 뒤따랐다. 이에 반해 이제 새롭게 세워진 새 약속을 위반했을 때는 전혀 처벌이 없을 것이라고 받아들여서는 안 된다. 오히려 (비록 그 표현이 아주 명확하지는 않지만) 저자는 "우리가 이같이 큰 구원을 등한히 여기면 어찌 그 보응을 피하리요"(참조, 12:25)를 묻는다. 만약 그들이 그 아들의 최종 승리에 따라 약속된 궁극적인 승리와 구원을 소홀히 여긴다면 그들은 오히려 그 대가를 치러야 할 것이다. 그 보복의 구체적 본질이 무엇인지에 대해서는 자세히 언급하고 있지 않지만 그것이 지옥을 뜻한다고 생각하는 것은 속단이다. 본문에서 주체로 등장하는 '우리'라는 복수 대명사는 이러한

진리에 깊은 주의를 기울여야 할 사람에 저자 자신 역시 포함되어 있음을 보여 준다.

물론 여기에서 구원은 이미 1:14에서 언급된 바와 같이 그 아들의 장엄한 통치에 독자들이 잠재적으로 참여하는 것을 암시한다. 예수 그리스도가 이 땅에 계셨을 때, 그분은 스스로 그분의 미래 왕국과 그 통치에 참여할 그분의 신실한 동반자들(참조, 1:9)에 대해 수차례 언급하셨다(참조, 눅 12:31~32; 22:29~30). 이렇게 주 예수 그리스도에 의해 처음 선포된, 이 구원의 경험은 다양한 이적들과 그분의 말씀을 직접 들은 이들에게 허락된 성령의 증거를 통해 확증을 얻은 것이다. 히브리서 저자는 이러한 표적들을 다가오는 내세의 능력(참조, 6:5)으로, 또 사도행전의 초대교인들과 마찬가지로 하나님의 우편에 앉으신 그분의 주권의 표현으로 보았다(참조, 행 2:43; 4:30; 5:12; 6:8; 8:6, 13; 14:3; 15:12, 고후 12:12에 '표적, 기사'의 표현이 나온다).

저자가 '장차 올 세상'에 관해 그의 심중에 헤아리고 있는 진의가 이제 2:5에서 명백해진다.

C. 완벽한 지도자로서의 아들-왕(2:5~18)

여기에서 저자는 그의 중심 사상, 즉 미래에 나타날 그리스도의 운명으로 그 생각을 돌이킨다. 이제 그분의 성육신을 통해 그 운명을 함께 나눌 이들과 예수 그리스도와의 깊은 연관성이 전면에 부상하게 된다.

1. 지도자의 운명(2:5~9)

2:5 사해 문서에 의하면 쿰란 공동체는 장차 올 세상이 미가엘과 그 수하의 천사들에 의해 통치될 것이라고 믿었다. 히브리서 저자는 그러한 견해를 여기에서 강력히 비판하며 장차 올 세상은 천사가 아닌 사람들이 통치할 것이라고 주장한다. 그러나 이 내용이 이제부터 저자가 말하려는 주제는 아닌 것으로 보인다. "우리가 말하는 바"라는 표현이 이러한 추론을 가능하게 해 준다. 사실 그 아들의 왕권과 장래 통치를 강조했던 1장이 이 주제를 다룬 것이다.

2:6~8상 시편 8편의 한 부분이 여기에서 인용되었다. 대체적으로 시편 8편은 하나님의 창조 사역에서 인간의 역할에 대해 일반적인 묘사를 했다고 평해지지만, 2:5과 뒤이어 나올 8절 하반절부터 9절까지의 표현으로 미루어 볼 때, 본서의 저자는 그것을 구세주와 관련시키며 종말론적으로 이해하고 있다. 이것은 저자가 예수 그리스도가 그러하신 것과 같이 구약성경의 토대 위에 신약적인 관점을 잘 조화시키고 있음을 보여 준다(참조, 눅 24:25~27, 44~45).

2:8하~9 시편 8편이 이 세계에서의 인간의 현재 위치를 나타낸다는 것이 일반적인 견해라 할지라도 저자의 관점에서는 그러한 견해는 정확한 현 실태를 반영하지 못한 것이다. 그에게는 "지금 우리가 만물이 아직 그에게 복종하고 있는 것을 보지 못하고" 있다는 것이 시급한 당면 과제다. 그는 무엇보다도 먼저 예수(2:9)를 생각했다. 인자(the Son of Man, 6절)라는 메시야적인 표현이 이러한 견해를 뒷받침했음이 틀림없

다. 이로써 비록 창조 세계에 대한 통치가 아직까지는 그분의 것이 아니라 할지라도 결국에는 그분이 죽음의 고난 받으심으로 말미암아 영광과 존귀로 관을 쓰심을 확신한다. 관을 쓰신 그분은 죽으심의 그 목적을 위해 잠시 동안 천사보다 못하게 되셨고 하나님의 은혜로 말미암아 모든 사람을 위한 죽음을 맛보셨다. 이 마지막 구절이 그분의 성육신에 있어서 천사보다 못하게 지음 받은 목적을 가장 잘 설명한다. "이제 관을 쓰신…"(now crowned)으로 시작해 "죽음을 맛보셨다"(suffered death)로 마무리되는 구문은 헬라어에서는 쉽게 이해되는 하나의 삽입구다. 어쨌든 그리스도의 현재적 영광에 대한 언급이 있음에도 불구하고 본 구절의 핵심은 그분이 죽으시기 위해 인간이 되셨다는 점에 있다.

2. 지도자와 추종자들과의 연관성(2:10~18)

이 부분에서 히브리서 저자는 최초로 예수를 아르케고스(ἀρχηγός)로 묘사했다. 이 단어는 지도자, 창시자, 설립자 등의 개념을 내포하고 있으며, 개척자의 의미를 가지기도 한다. 이 단어를 사용함으로써 저자는 예수 그리스도가 하나님이 예비해 주신 영광을 받을 자랑스러운 무리의 지도자라는 것을 표현하고자 한다.

2:10 만물에 대한 언급(참조, 2:8)이 암시하는 바와 같이 저자는 이 구절에서도 여전히 시편 8편을 의식하고 있다. 그러므로 여기에서 그가 언급하는 영광은 시편에서 이야기하는 이 모든 창조물을 지배하는 영광을 뜻한다(참조, 2:7~8). 또한 "많은 아들들"이라는 표현 역시 'the Son of Man'(인자)이라는 시편의 표현에서 영향을 받은 것이고 아마도

히브리서 저자에게 있어서 구세주를 뜻하는 인자라는 칭호는 총체적인 측면(corporate aspect)을 뜻함을 암시한다. 예수 그리스도는 사람의 아들(the Son of Man)이며 고난과 장래의 영광에 그와 함께 참여하는 모든 사람들이 그의 형제요 자매인 것이다. 그들이 바로 이제 다가오는 세상에서 그리스도의 기쁨을 나눌 왕의 친구들이 될 것이다(참조, 1:9).

이미 9절에서 저자는 예수 그리스도의 죽음에 대해 최초로 언급했다. 이제 그는 고난이 많은 아들의 지도자로서 봉사해야 할 자에게 필요한 것임을 확증하려 한다. 그분은 하나님이 그 많은 형제자매들을 위해 작정하신 구원의 경험으로(즉, 영광으로) 그들을 이끄시기 전에 이러한 역할을 감당하기 위해 고난을 통해 온전해져야 한다. 그분은 모든 이가 원하는 지도자가 되기 위해 그들의 형제들이 그러해야 하듯 고난을 받으셔야만 한다는 것이다. 이러한 행위를 통해 그분은 그들이 요청하는 대로 도우실 수 있는 것이다(참조, 18절).

2:11~13 이제 그 아들(the Son)과 많은 아들들 사이에는 깊은 합일의 관계가 있게 된다. 그분의 죽으심으로 그분은 그들을 거룩하게 하시고 그렇게 함으로 거룩하게 함을 입은 자들이 한 근원이 되는 것이다. 그리스도의 희생이 많은 자녀들을 거룩하게 한다는 저자의 사상은 본문 10:10, 14에서 더욱 명백해진다. 이제 이미 시편 22:22(12절에 인용됨)에서 예언한 바대로 예수 그리스도는 그들을 형제들로 부를 수 있게 되었다. 또한 예수 그리스도는 그들에게 하나님을 향한 그분의 의지(2:13상; 사 8:17 인용)에 대해 이야기할 수 있으며 그들을 하나님이 그분에게 주신 자녀(2:13하; 사 8:18 인용)로 받아들일 수 있게 된 것이다. 어린 자녀들에게 둘러싸인, 나이와 경험 많은 형제처럼 이 구원의 길 선

두에 선 지도자는 모든 이에게 고난의 길을 감수하는 신앙의 교훈들을 가르칠 수 있게 된 것이다.

2:14~15 그러나 이 자녀들은 이전에 그들의 원수인 사탄에게 종으로 붙들린 신분이었다. 그래서 그들을 구원하려면 그들이 인간이므로 그들의 지도자도 인간이 되어야 했고 그들을 위해 죽어야 했다. 그렇게 함으로써 그분은 마귀를 멸망시킬 수 있었다. 그러나 이제 사탄이 없어졌다거나 사탄이 더 이상 활동을 하지 않는다고 말하는 것은 아니다. 사실 저자가 파멸을 뜻하는 용어로 사용한 카타르게세(καταργήσῃ)는 그리스도가 구원한 이들에게는 그러한 힘이 무력해진다는 것을 뜻한다. 즉, 사탄이 죽음에 대한 사람들의 두려움을 악용해 그들을 자기 뜻으로 굴복시키려 한다는 것을 말한다. 그로 인해 인간들은 자주 자기 보존을 위한 내부의 욕망에 휘둘려 도덕적으로 잘못된 선택을 한다. 그러나 이제 독자들에게 기쁜 소식이 들려온다. 이제 더 이상 그들은 그러한 노예 상태에 종속되지 않고 결국에는 그들의 지도자가 그랬던 것처럼 하나님을 신뢰함으로써 담대히 죽음을 대면할 수 있게 되었다.

2:16~18 그래서 그들의 필요가 무엇이든 그들의 지도자는 천사들이 아닌 아브라함의 자손을 양육하시는 분이므로, 그들을 돕기에 충분히 합당한 분이다. 이 "아브라함의 자손"(문자적으로 '아브라함의 씨')이라는 표현은 독자들이 유대 계통이라는 것을 뜻한다고 볼 수도 있으나, 이방 출신 그리스도인들 역시 영적인 의미에서 아브라함의 씨(갈 3:29)라고 주장할 수 있다는 점 역시 유념해야 할 것이다. 이 지도자가 그 추종자들에게 주시는 도움이 성육하심과 고난받음을 의미하는

"그러므로 그가 범사에 형제들과 같이 되심이"라는 구절에서 예시되었다(2:17). 여기에서 저자는 최초로 그분의 제사장직에 관한 생각을 말한다(이것에 대해서는 후에 더욱 상세히 설명된다). 현재로서는 '그의 형제들'과의 동일화를 통해 자비와 충성으로 규정지어지는 하나님께의 봉사를 위한 제사장직을 가능하게 했다. 물론 이 모든 것의 기저에는 인간들의 죄에 대한 속량이 전제된다. 이에 관해서도 후에 상세히 설명되겠으나 이 장을 마무리하며 저자는 그분 자신이 시험받으신 경험을 통해 현재 시험받고 있는 독자들에게(18절) 제사장직의 역할을 통해 도우시는 지도자로서의 그리스도를 희망적으로 소개한다. 비록 아직 이러한 주제들에 대한 결론이 나오지는 않았지만, 저자는 그 지도자가 인간들을 그분의 미래의 영광에 참여시키려고 이끄시는 그분의 역할을 위해 진실로 온전해졌다는 것을 이미 충분히 암시하고 있다.

D. 두 번째 경고(3~4장)

이제 저자는 두 번째 경고를 소개하기 위해 그의 주해를 잠깐 멈춘다. 이 경고는 2:1~4에서 소개된 것에 비해 훨씬 광범위하고 상세한 것이다. 이제 그의 독자들을 향한 그의 염려가 점점 명백해지고 있으며, 그들이 그의 충고를 저버렸을 경우의 엄청난 피해가 뚜렷이 부각된다. 이 부분에서 기본적으로 이미 3:7~11에 인용했던 시편 95:7~11을 다시 인용했으며, 3장과 4:1~11에서 이를 자세히 설명한다. 또한 하나님의 말씀의 심판 능력(4:12~13)과 위대한 대제사장을 통해 얻을 수 있는 도움에의 요청(4:14~16)으로 마무리를 짓는다.

1. 신실함에 대한 요구(3:1~6)

3:1 드디어 이 서신의 독자들은 "함께 하늘의 부르심을 받은 거룩한 형제들"이라 불린다. 이것은 저자가 이미 2장에서 다룬 내용들을 총합한 형태라 할 수 있다. 그들은 자기들의 관계에서뿐만 아니라 그들의 지도자(2:11~12)와의 관계에서도 형제(참조, 3:12; 10:19) 관계에 있게 될 것이며, 그분이 그들을 그렇게 만들어 주셨기 때문에 거룩하다(2:11). 하나님이 그들을 영광으로 이끄셨기에(2:10) 그들은 하늘의 부르심에 참여할 수 있게 되었다. "하늘의 부르심을 받은 거룩한 형제들"이라는 단어는 1:9의 "동류들"로 대치될 수 있는 단어다(메토코이[μέτοχοι]라는 헬라어 단어는 본문 3:14; 6:4; 12:8에서도 쓰였다). 여기에서 저자는 특별히 하나님의 아들이요 왕이신 그분의 장래 통치와 그에 뒤따르는 기쁨에 초대받은 이들의 큰 특권에 대해 생각한다.

이 사람들은 그들 신앙의 사도이시며 대제사장이신 그분에 온 신경을 기울여야 할 이들이다. 대제사장이라는 칭호가 2:17~18에서 이미 언급된 역할을 감당하는 반면에, 사도라는 칭호는 하늘에 계신 아버지의 가장 뛰어난 계시자(참조, 1:1~2)로서 하나님께 보냄을 받은 자로서의 예수 그리스도를 가리킨다고 볼 수 있다.

3:2 NIV에서는 이 구절을 바로 직전 구절과 구분했다. 그러나 원문과 마찬가지로 이 구절과 1절을 연결해서 생각하는 것이 주제를 명확하게 해 준다. 즉 "자신을 선택하신 그분에게 신실했던 예수님을 생각하자"

(Contemplate Jesus … being faithful to the One who appointed Him)로 옮김이 더욱 적절할 것이다. 그러면서 저자는 하나님에게 신실한 믿음을 나타내는 예수 그리스도의 인격에 관심을 가질 것을 독자들에게 촉구한다. 그렇게 함으로써 그들이 그들 자신의 신실한 신앙의 형태를 찾을 수 있도록 하기 위해서다. 그리스도의 신실함은 구약성경 모세의 원형이다.

"모세의 하나님의 온 집에 대한 신실함"은 장막이 그 배경이 되는 민수기 12:7에서 유래한 것이다. 그러므로 여기에서 이야기하는 '하나님의 온 집'은 구약적인 상황 아래에서 볼 때 모세가 하나님의 직접적인 명령을 받들어 건설했던 바로 그 장막이라 볼 수 있다. 5절의 "장래에 말할 것을 증언"한다는 것은 예언자적 증언을 뜻한다.

3:3~6상 그러나 집 지은 자로서의 예수는 그 영광이 모세를 훨씬 능가한다. 모세는 단지 지시된 명령을 수행하는 종이었던 반면에 예수 그리스도는 하나님이 만물을 지으셨던 것처럼 만물을 지으셨기 때문이다. 여기에서 이미 창조 사역에서의 그 아들의 역할(참조, 1:2, 10)과 그의 하나님과의 동일성(참조, 1:8)이 암시되고 있다. 그러나 이것보다도 모세가 그렇게도 충성했던 하나님의 집은 그 아들이 하늘에서 하나님의 우편에 앉아 다스리실(참조, 1:3; 4:14) 모든 것의 축소판에 불과하다. 이 지상의 집에서 아무리 거룩한 것이라 할지라도 그것은 오직 "우리를 위하여 하나님 앞에 나타나시려"(9:24) 그리스도가 가신 하늘의 그림자에 불과한 것이다. 모세의 충성심은 이 세계를 그 활동의 장(場)으로 삼은 제사장 활동의 조직을 예시해 주는 그림자적 의미를 가지는 장막집을 세운 것에서 잘 나타난다. 그 장은 높이 들리신

그리스도가 "하나님의 집을 맡은 아들"로서 과거와 현재의 목회 사역에 충성하는 영역을 뜻한다(3:6상).

3:6하 집을 뜻하는 헬라어 단어가 가지는 말뜻의 자연스러운 흐름에 맞춰서, 저자는 제사장의 활동이 이루어지는 장으로서의 '집'이라는 사고에서 이러한 활동에 참여하는 사람들로 구성된 '집'이라는 사고로 그 사상을 발전시켜 나간다. 그는 그의 독자들이 그 아들의 집의 구성원을 이룬다는 것을 확신하고 있다. 물론 그들은 그들의 소망의 확신(파르레시안[παρρησίαν], 히브리서에서는 여기와 4:16; 10:19, 35 도합 4곳에서 나타난다)과 자랑을 견고히 잡고 있어야 했다. 첫 번째 경고(2:1~4)와 마찬가지로 저자는 여기에서도 '우리'라는 복수 1인칭 단어를 사용해 자기 자신을 그의 교훈의 영역 안에 포함시킨다. 몇 절 후에 곧 언급하고 있으나(12절) 그는 자기 형제들 중 몇몇이 품고 있을 "살아계신 하나님에게서 떨어지는 믿지 아니하는 마음"에 신경을 쓰고 있다. 만약 이러한 마음을 가진 이들이 그의 독자들 중에 있다면 그들은 그 아들 집에서의 제사장 역할을 저버리게 된다. 그 역할은 오로지 그들이 그리스도인으로서 그들의 사명(참조, 14절; 10:23~25, 35~36)에 충실했을 때 수행이 가능한 것이기 때문이다.

그렇다고 해서 여기에서 저자가 그 독자들이 그들의 영원한 구원을 자신들이 저버릴 수 있다는 것을 의도하는 것은 아니다. 집이라는 단어와 참 우주적 교회인 그리스도의 몸을 동일시하는 것은 큰 착각이기 때문이다. 여기 문맥과 구약성경적 배경이 보여 주듯이 저자는 그 사상을 제사장적 용어로 표현한다. 또한 그는 기능적으로 생각하고 있다. 높이 들리신 그 아들은 활동의 실체로서 모든 제직 구조를 통괄하신다. 독자들이 그리스도인으로서 헌신을 굳건히 하면 할수록 그들은 이 제직의 질서 안에서 활발히 활동하게 된다. 그러나 날 때부터 레위인이었던 이가 마치 모세 시대의 장막 성역을 기피할 수 있었던 경우처럼, 비록 새롭게 거듭난 그리스도인일지라도 제직으로서의 활동적 역할을 기피할 수도 있다는 사실에 대해 저자는 큰 관심을 두며 이를 경고한다.

2. 이스라엘의 실패에서 얻는 교훈(3:7~4:11)

3:7~11 충성을 촉구하면서 이러한 충성을 기피했을 때의 결과에 대해 경고하기 위해 저자는 가데스 바네아 광야에서 40년 동안 방황했던 사실을 이스라엘의 대표적인 실패 중 하나로 들었다. 몇몇 분파들이 미화한 것과는 전혀 판이하게 그 시대는 비극적인 실패와 손실의 시대였다. 그러므로 독자들은 그러한 경험을 결코 되풀이해서는 안된다는 것이 그의 주장의 요지다.

이러한 주장을 뒷받침하기 위해 저자는 시편 95:7~11이 여기에서 인용되었다. 이 구절의 선택은 예배와 제직 활동에 관련될 현재의 문맥에 매우 잘 부합되는 것이다. 사실 시편 95편은 본질적으로 예배로의 부름이다(참조, 시 95:1~7). "오라 우리가 굽혀 경배하며 우리를 지으신 여호와 앞에 무릎을 꿇자 그는 우리의 하나님이시요 우리는 그가 기르시는 백성이며 그의 손이 돌보시는 양이기 때문이라"(시 95:6~7)라는 시편 기자의 초대는 그의 독자들을 향한 저자의 관심을 이상적으로 잘 반영한다.

3:12~13 "형제들아"라는 도입 부분은 이제 저자가 구약의 본문을 그

의 그리스도인 독자들에게 적용시키려 함을 나타낸다. 이곳뿐만 아니라 그 어느 곳에서도 저자는 그의 독자들 중에 참그리스도인이 아닌 사람이 끼어 있다는 의심을 조금도 나타내지 않았다. 반면에 여기에서와 같이 그들을 '형제들' 혹은 "하늘의 부르심을 받은 거룩한 형제들"(1절)로 보았다. 저자가 참신앙인들과 미약한 신앙인들을 구별해 생각했다는 보편적 견해는 이 구절에서는 결코 발견할 수 없다.

그러므로 너 나 할 것 없이 모든 그리스도인은 "살아 계신 하나님에게서 떨어지려는 마음과 믿지 아니하는 마음"이 침투하지 못하도록 경계해야 한다. 그러한 경향을 예방하는 하나의 중요한 비결은 서로 관심을 갖고 형제애로 권면해 주는 것이다. 즉 "매일 피차 권면하여 너희 중에 누구든지 죄의 유혹으로 완고하게 되지 않도록" 해야 한다(참조, 13절). "오직 오늘이라 일컫는"이라는 표현에서 '오늘'이 뜻하는 바는 시편 95:7에서 암시되는 바와 같이 '너희가 아직 기회를 갖고 있을 동안'이다.

3:14 "그리스도와 함께 참여한 자가 되리라"를 좀 더 문자적으로 '우리는 그리스도와 동역자다'라고 옮길 수 있다. 원문에서 발견되는 정관사 'the'는 그리스도가 메시야라는 사실을 강조해 준다. 동역자를 뜻하는 단어 메토코이(μέτοχοι)는 이미 1:9과 3:1에서 구세주 왕의 친구들을 지칭함에 있어 이미 사용된 것이다. 여기에서 다시 한 번 저자는 장차 그리스도의 통치의 영광을 나눌 '많은 아들들'(2:10)의 엄청난 특권을 이야기한다. 그러나 제사장의 집(6절)에서 봉사했을 때의 특권이 그러한 것처럼 그 특권 역시 우리가 시작할 때에 확신한 것을 끝까지 계속 붙잡는 충성이 그 필수 요건이다.

이 부분은 요한계시록 2:26~27을 연상시킨다. "이기는 자와 끝까지

내 일을 지키는 그에게 만국을 다스리는 권세를 주리니 그가 철장을 가지고 그들을 다스려 질그릇 깨뜨리는 것과 같이 하리라 나도 내 아버지께 받은 것이 그러하니라."

3:15 다시 새롭게 시편 95편에서 인용된 이 구절은 6절에서 언급된 주의 사항과 연관이 있다. 즉 독자들은 그들의 조상이 광야에서처럼 마음을 완고하게 하지 말고 끝까지 확신을 지속해야 할 것이다.

3:16~19 16절을 좀 더 자연스럽게 '많은 이들이 듣고 격노했다. 그러나 그럼에도 불구하고 모세를 따라 이집트를 나온 모든 이가 그러한 것은 아니다'라고 옮길 수 있다.

저자는 저 유명한 여호수아와 갈렙의 예외를 의식한다. 또 그가 "하나님이 사십년 동안 누구에게 노하셨느냐"라고 물었을 때 그는 광야에서 죽고 범죄한 자들에게 하나님이 노하셨다고 답했다. 약속된 땅에 들어갈 것을 거부했던 그들의 불순종으로 말미암아 하나님은 그들에게 하나님의 안식에 결코 들어오지 못하리라고 맹세하셨다. 이것은 광야에서의 죄의 세대가 가나안 땅을 기업으로 얻는 것에서 제외되었음을 의미한다. 그러나 이 사실이 곧 그들이 지옥으로 갔다는 것을 의미하지는 않는다. 즉, 만약 출애굽한 모든 백성이 구원받지 못했다고 결론짓는다면 그것은 잘못되었다. 그들이 가나안에서 추방된 것은 결코 구원의 문제가 아닌 하나님의 능력에 대한 그들의 믿음의 부족에 기인한 것이다. 히브리서의 독자들은 그들이 현재 당면한 적들을 종국에는 파멸시킬 메시야의 궁극적 승리(참조, 1:13~14)를 믿지 아니할 때 그들의 조상들이 겪었던 그 실패를 반복할 것이라는 경고를 받는 것이다.

4:1 그리스도인들은 이스라엘의 이 비극적인 역사를 교훈으로 삼아야 한다. "그의 안식에 들어갈 약속이 남아" 있기 때문에 더욱 그러하다. NIV에서는 이 구절 하반절을 "let us be careful that none of you be found to have fallen short of it"으로 옮겼다. 이것도 좋은 번역이나 'found'라는 동사의 선택에 약간의 문제를 내포한다. 그것보다는 'to seem' 혹은 'to suppose'로 옮기는 것이 본문에 더욱 충실하다고 볼 수 있겠다. 실제로 몇몇 현대의 저술가들(몬테피오레, 헤링)은 "let us be careful that none of you suppose that he has missed it"이라는 번역을 택했다. 문맥의 전개를 고려할 때 위의 번역이 더 적절할 것이라 보인다.

저자가 의도하는 안식이라는 개념은 그것의 구약적 근원과 분리해 생각할 수 없다. 이스라엘의 가나안 점령과 관련해 70인역 성경에서는 안식을 뜻하는 단어 카타파우신($\kappa\alpha\tau\acute{\alpha}\pi\alpha\upsilon\sigma\iota\nu$)이 기업의 상속을 뜻하는 크레로노미아($\kappa\lambda\eta\rho\text{o}\nu\text{o}\mu\acute{\iota}\alpha$)와 명백하게 평행을 이루는 구절들이 발견된다. 모세는 일찍이 이스라엘에게 있어서 그들의 안식은 곧 그들이 기업을 상속한다는 것임을 명백히 보여 주었다(신 3:18~20; 12:9~11). 이와 같은 맥락에서 이 히브리 서신의 저자가 '안식'이라는 단어를 그리스도인의 '기업'과 기능적 상관성을 갖는 것으로 보았다는 사실은 극히 자연스럽다. 그는 이미 그리스도인들을 상속자(1:14)로 확신했고 또 앞으로도 계속 확증할 것이다(6:12, 17. 참조, 9:15).

그가 이 기업과 그리스도인들의 관계에 대해 얼마나 정확히 이해하고 있는가가 앞으로 펼쳐질 그의 주장에서 잘 나타날 것이다. 또한 이 기업의 개념 자체는 그가 소개하는 메시야 왕국과 또한 그것을 나눌 동류들과 분리해 생각할 수는 없는 것이다. 이러한 사실은 12:28에서 명백한 확증으로 얻게 된다.

만약 지금 저자의 관심이 그의 독자들 중 어느 하나라도 그들의 기업을 상속받지 못할 것에 대해 염려하는 것이라면, 그것은 곧 그가 재림의 지연으로 야기되는 문제에 직면했기 때문이라고 추론할 수 있다(바울도 이미 데살로니가에서 이러한 문제에 부딪힌 적이 있었다). 후에 히브리서 저자는 인내를 호소하며 결국에는 독자들에게 "잠시 잠깐 후면 오실 이가 오시리니 지체하지 아니하시리라"(10:37)는 확신을 준다. 만약 위의 사실들이 하나님이 관심을 가지시는 사항이라면 약속된 이 안식이 아직 유효하다는 것을 알려 주는 일이 긴급한 사항이라 하겠다.

4:2 "우리도 복음 전함을 받은"에서의 복음은 언제나 죄로부터의 구원 계획을 의미하지는 않는다. 오히려 어떤 의미에서는 이 복음이라는 단어가 너무 기술적이고 좁은 의미로 쓰여 왔기에 여기에서의 저자의 사상을 정당화시키기는 쉽지 않다. 옛날 이스라엘인들에게 전파되었던 것은 명백히 하나님의 안식에로의 초대였다. 이것은 분명 그들에게 좋은 소식이었으나 오늘날 의미하는 바의 복음은 아니다. 사실 헬라어 단어 유앙겔리조마이(εὐαγγελίζομαι)는 신약성경에서조차 모든 곳에서 의도적으로 똑같이 쓰이지는 않았다(참조, 눅 1:19; 살전 3:6). 그러므로 여기에서 일반적으로 복음(Gospel)을 뜻하던 '좋은 소식'(참조, 고전 15:1~4)과 지금 독자들의 관심을 촉구하려는 안식과 관련된 '좋은 소식'을 예리하게 구분하지 않는 게 더 좋을 것이다. 전체적인 문맥이 보여 주듯이, 저자의 관심은 고린도전서 15장에서 바울이 이야기하는 복음의 기본 요소들보다는 하나님의 백성을 위한 미래의 휴식을 알리는 좋은 소식에(참조, 10절) 있다.

이스라엘의 역사에 대한 언급에서 나타났듯이 그들에게 들려온 안식에 대한 소식은 그들 자신의 믿음이 부족했기 때문에 그다지 소용없게 되었다(참조, 3:19). 즉 불신앙으로 그들은 하나님의 안식에로의 초대라는 호기를 놓치고 만 것이다. 그러므로 이제 저자가 독자들을 그들에게 베풀어진 이 안식에로의 초대에 응할 수 있는 길, 즉 신앙의 실천으로 이끄려는 것은 극히 자연스럽다.

4:3 지금 저자의 관심은 과거의 그들의 신앙이 아니고 그 신앙의 현재적 신실함에 있다. 이러한 의미에서 개역개정성경에서 "믿는 우리들은"으로 번역된 원문 호이 피스튜산테스(οἱ πιστεύσαντες)는 완료형보다는 믿음의 현재 지속 상태를 나타내는 현재형으로 해석해야 마땅할 것이다(참조, 3:6, 14). 신앙은 안식의 길에 가기 위한 전제 조건으로 여전히 남아 있는 것이다. 그 신앙을 실천하지 못한 이들에게 하나님은 이미 "맹세한 바와 같이 그들이 내 안식에 들어오지 못하리라"라고 선언하신다. 안식이 이미 창조 때부터 설정된 것이지만, 이 배척(exclusion)은 결정적인 것이다.

4:4~5 저자는 놀랄 만한 사고력으로 이스라엘이 광야에서 놓쳤던 안식을 창조 때의 하나님의 안식과 연결시킨다. 하나님이 그분의 창조 사역을 마치고 쉬신 것처럼 그들에게 부과된 일을 온전히 감당한 이들에게 동일한 경험이 가능하다는 것이다(참조, 10절). 그러나 그들에게 부과된 사역을 마치지 못했을 때 하나님은 "그들이 내 안식에 결코 들어오지 못하리라"하셨다.

4:6~7 그러나 이스라엘의 실패는 "거기에 들어갈 자들이 남아 있다"는 말씀을 완전히 무효화시킬 수는 없었으며 하나님은 다윗 때에 이르기까지 그 약속을 새롭게 계속 연장하셨다(시 95편). 그때 하나님은 "다시 어느 날을 정하여 오늘이라고 일렀고" 시편을 읽는 독자들 누구에게나 '오늘' 그 기회를 잡을 수 있도록 가능성을 열어 놓으신 것이다. 이러한 의미에서 저자는 이 '오늘'의 개념을 독자들에게 이미 소개했었다(참조, 3:12~13).

4:8~10 독자들은 안식의 약속이 여호수아 시대(참조, 수 22:4; 23:1)에 완전히 실현되었다고 생각해서는 안 될 것이다. 여기에서 저자는 안식이 이미 여호수아 시대에 있었던 가나안 정복을 통해 완성되었다고 생각할 가능성이 있다는 것을 깊이 의식하면서, 만약 그렇다면 하나님이 "그 후에 다른 날을 말씀하지 아니하셨으리라"라며 여전히 유효한 안식의 가능성을 주장한다(본문에 결정적 영향을 미친 시편 역시 이것을 뒷받침한다).

이러한 논쟁의 배경에는 여호수아의 정복이 가나안 땅의 영원한 소유로 이어지지 못했다는 부인할 수 없는 사실이 있다. 이후로 유대 사상에서 약속된 기업의 영원한 소유는 메시야 왕국에서야 완성될 것이라는 사상이 발전되어 왔다(분파에 따라 이와 달리 생각하는 경우도 있었으나 최소한 정통 유대주의에서는 이것이 사실이다). 여기에서 저자가 그러한 미래적 희망을 부인하는 어떤 형태의 이른바 '실현된 종말론'에 직면하고 있는가가 의심된다(참조, 딤후 2:17~18에서 바울이 신자의 부활에 관해 이와 유사한 경험을 한 경우가 있다). 만약 이것이 적절한 가정이라면 히브리서 저자는 시편 95편을 그러한 왜곡된 주장을 반박하는 자료로 삼고 있다. 즉, 메시야가 가져다줄 진실한 안식은 아직 앞에 있다는 것이다. "그런즉 안식할 때가 하나님의 백성에게 남아 있도다."

그러나 하나님의 안식에 들어간다는 것은 "하나님이 자기의 일을 쉬심과 같이" 자기 일을 쉬는 것을 뜻한다는 점을 분명히 해야 한다. 이 구절은 재확신과 훈계를 동시에 의미한다. 즉 한편으로는 아직 그러한 안식으로의 길이 열려 있다는 저자의 결론(9절)과 또 다른 한편으로는 하나님이 창조 사역에서 그러신 것처럼 그들도 그들의 소임을 끝까지 다해야만 한다는 것을 상기시킨다. "자기 일을 쉬심과 같이"라는 구절에서 저자는 일종의 언어유희(word play)를 사용한다. 하나님의 사역을 그 배경으로 볼 때 '끝냄'을 뜻하는 동사 '쉰다'는 명백히 완전하게 성공한 완성을 암시하기 때문이다. 이것은 이 서신의 처음부터 저자가 마음 속에 품어 온 그의 사상적 경향에 기인한다. 독자들은 "자기를 세우신 이에게 신실하신"(3:2) 예수 그리스도의 생을 닮아 가야 하며, "시작할 때에 확신한 것을 끝까지 견고히 잡아야"(3:14. 참조, 3:6) 함에 주의해야 하고, 이렇게 함으로써 비로소 그들은 메시야 왕국에서의 자기 기업을 즐겁게 상속받아 안식을 누릴 수 있다.

4:11 "그러므로 우리가 저 안식에 들어가기를 힘쓸지니"라는 저자의 권면은 자연스러운 결론이다. 모든 그리스도인들이 영원한 생명을 소유해 하나님 앞에서 기뻐 들림 받을 것(참조, 요 6:39~40)임은 분명하지만, 메시야와의 동행은 오직 그분의 뜻을 끝까지 수행할 때만 가능한 것이다(계 2:26~27). 그러므로 독자들은 광야에서의 이스라엘의 실패를 기억하며 그들의 "순종하지 아니하는 본"에 빠져서는 안 될 것이다.

3. 하나님의 말씀과 은혜의 왕관(4:12~16)

시편 95편의 설명과 이스라엘이 안식을 얻는 것에 실패한 이야기를 마무리하면서 저자는 이제 이 경고의 구절에 대해 계속 각성을 촉구하면서 동시에 위로하며 격려하는 양면적인 결론으로 이끈다. 즉 하나님의 말씀은 거룩한 심판의 도구가 되기도 하지만, 그분의 왕좌는 은혜롭고 자비로우시다는 것이다.

4:12 이제까지 그가 구약성경으로부터 가르쳐 온 교훈은 단순한 역사적 이야기에 불과한 것이 아니다. 왜냐하면 하나님의 말씀은 지금도 살아서(존[ζῶν]) 활력(에네르게스[ἐνεργὴς])이 있기 때문이다. 그뿐만이 아니다. 그것의 관통력은 "좌우에 날선 어떤 검보다도 예리하여 마음의 생각과 뜻을 판단"하기까지 한다. 그리하여 무엇이 '영'적인 것인지와 무엇이 '혼'적이거나 '천성'적인 것인지 (혼과 영을 찔러 쪼개기까지) 구분해 낼 수 있다. 심지어는 '관절과 골수'처럼 치밀하게 서로 얽히고설켜 때로는 서로 상반되게 작용하는 우리 마음의 복잡한 내부 요소들을 구별한다. 그리스도인들의 속마음은 때때로 순전히 영적인 것과 함께 완전히 인간적인 동기들이 혼합된다. 이때 하나님의 말씀이 무엇이 육적인 것인지를 가려내 주는 초자연적인 역사를 일으킨다. 그래서 독자들은 고대 이스라엘이 그랬던 것과 같이 혹시 자신들이 순수한 영적인 신앙의 길에서 벗어나 있지는 않은지 자신들의 위치에 대한 성찰을 하게 될 것이다.

4:13 그들은 그들의 행위에 잠재되어 있는 내부적 동기를 숨길 수 있

으리라고 생각할 수 없게 된다. "지으신 것이 하나도 그 앞에 나타나지 않음"이 없기 때문이다. 오히려 만물이 우리를 상관하시는 자의 눈앞에 벌거벗은 것같이 드러나게 된다. 그래서 독자들은 언젠가 그들도 선악 간에 행한 대로(참조, 롬 14:10~12; 고후 5:10) 그리스도의 심판의 보좌 앞에서 심판받으리라는 사실을 상기할 것이다.

4:14 이때 일말의 불안감이 일 수도 있을 것이다. 그러나 저자는 "승천하신 이", 곧 믿는 이들의 대제사장을 굳게 믿으면 된다고 역설한다. 지금까지 명백하게는 오직 한 번(1:3; 2:1~3:6에 그 내용이 암시되고 있기는 하나) 이 예수 그리스도의 제사장직에 대해 언급했으나 이제 좀 더 구체적으로 그 진리에 대해 살펴보려 한다. 그러나 그에 앞서 제사장으로서의 예수 그리스도와 그의 글을 읽는 독자들의 신앙과의 연관성을 제시하기를 희망한다. 그들은 이제 그들의 구원에 필요한 모든 것을 제공해 주시는 대제사장으로서의 예수 그리스도를 알아야만 한다는 것이 그의 생각이다.

4:15 그들을 위해 대제사장으로 봉사하시는 그분은 그들이 있는 곳에 계속 계셨으며 모든 일에 그들이 그러했던 것같이 시험을 받으셨다. 비록 그들과는 달리 죄가 없으시고(참조, 7:26; 고후 5:21; 요일 3:5) 그 유혹에 걸려 넘어가는 일은 없으시지만(그랬다면 하나님이라 불리지 못했을 것이다), 한 인간으로서 그분은 유혹의 실체는 느끼실 수 있었다. 그러므로 그분은 그들과 우리의 연약함을 동정하실(숨파테사이[συμπάθῆσαι: 함께 느끼고 함께 고통받음]) 수 있다. 시험을 끝까지 견디신 그분만이 시험의 힘을 온전히 알 수 있는 것이다. 이렇게 역설적인 의

미에서, 다른 어떤 죄인보다도 죄 없으신 그분이 그 동료 죄인들을 더욱 잘 이해할 수 있는 것이다.

4:16 이 같은 대제사장이 계시므로 신자들은 이제 담대히(파르레시아스[παρρησίας]. 참조, 3:6; 10:19, 35) 은혜의 보좌로 나아가야 한다. 아름답고 극적인, 미려한 표현들이 가득한 본 서신 중에서도 이 '은혜의 보좌'라는 표현만큼 뛰어난 것은 그리 많지 않은 것 같다. 하나님의 임재를 나타내는 이 개념은 세상에 지친 그리스도인들이 어느 때고 다가갈 수 있는 그분의 자비함도 나타내며 동시에 그분의 주권도 의미한다. 그러므로 이제 그리스도인들은 그들이 하나님과 만났을 때 "긍휼하심을 받고 때를 따라 돕는 은혜를 얻게" 되는 것이다.

III. 하나님의 아들-제사장(5~10장)

본 서신은 첫 번째 주요 주제로서(1:5~4:16), 저자는 (1) 하나님의 유일하신 아들-왕이신 그분의 운명과 높이 들리심과 (2) 그분에게 믿음으로 밀착한 이들이 받는 구원의 기업을 이야기했다.

또한 이 주제를 이야기하는 가운데 만약 이러한 구원의 기회를 무시하거나 간과했을 경우에 대한 경고를 포함시켰다. 동시에 왕이요 아들이신 그분이 또한 대제사장이시라는 것을 명백히 하려 했다. 이제 저자는 그 아들의 제사장적 기능에 대해 상세히 고찰하려 한다.

A. 소개: 자격 있는 제사장(5:1~10)

그리스도의 제사장직에 관해 상세히 설명하기에 앞서 저자는 논리적 단계를 밟아 가며 그리스도의 자질이 그 제사장직에 얼마나 충분한가를 밝히려 한다.

1. 대제사장으로서의 일반적 요건들(5:1~4)

5:1 만약 누가 대제사장은 어떤 사람이냐고 묻는다면 그 답은 독자들에게 매우 친밀한 구약적 전통에서 쉽게 얻을 수 있을 것이다. 대제사장이 될 수 있는 사람은 인류에서 한 사람, 즉 사람 가운데서 택한 자이며 하나님께 속한 일에 있어서 그들을 대표할 수 있는 사람이다. 그들

을 대표하는 일은 구체적으로 예물(도라[δῶρά])과 속죄하는 제사(투시아스[θυσίας])를 드리는 것을 포함한다(참조, 8:3; 9:9).

5:2~3 또한 대제사장은 친절하게 대해 준다는 의미를 포함하는 메트리오파테인(μετριοπαθεῖν), 즉 용납하는 사람이어야 한다. 이것은 극도의 냉소적 무관심과 절제되지 못하는 슬픔을 피하게 해 주는 절제 능력을 뜻한다. 이것은 구약성경의 보통 대제사장들의 경우에서와 같이 자기도 연약함에 휩싸여 있으며 실족하기 쉽다는 것을 인정하고 깨닫는 자각에서부터 연유한다. 이제 그는 희생 제사를 드릴 때, 자신의 죄와 그의 백성들의 죄를 위해 필요한 제물을 바쳐야 한다. 우리가 이 부분만을 주목한다면 여기에서 이야기하는 그리스도는 7:27과 꼭 부합되는 분은 아니다. 왜냐하면 그분은 죄가 없으시기 때문이다(4:15). 그러나 저자는 여기에서 여타 다른 대제사장들의 그것보다 훨씬 뛰어난 아들이요 제사장으로서의 끝없는 용납하심에 더욱 관심을 갖고 있다고 볼 수도 있다.

5:4 그러나 한 가지 사실은 분명하다. 제사장직은 거룩한 선택에 의한 것이지 결코 한 인간의 존귀에의 열망에 의해 얻어지는 것이 아니다. 아론과 같이 대제사장은 오직 "하나님의 부르심을 받은 자라야" 한다.

2. 제사장직에 대한 아들의 소명(5:5~10)

5:5~6 저자는 그리스도가 하나님께 부르심을 듣고 그의 제사장으로서의 직능을 시작했음을 주장한다. 그리스도가 왕이요 아들이라 선언

하신 바로 그분이 이제는 그를 영원히 멜기세덱의 반차를 따르는 제사장이라 선언하셨다. 여기에서 저자는 이미 1:5에서 인용했던 시편 2:7과 또 하나의 시편 110:4를 기술적으로 함께 인용함으로써 본 서신의 심장부에 자리 잡고 있는, 메시야관에 대한 두 가지 큰 조류를 연결시킨다. 시편 2편에서는 그리스도가 열방을 통치할 다윗의 후손이라고 선포한다(참조, 시 2:8). 시편 110편 역시 동일한 의도에서 일찍이 인용되었다(참조, 1:13). 그러나 이 시편은 미래의 정복자가 곧 특별한 질서에 속한 제사장임을 보여 주기 위해 그 후반부가 다시 인용되었다. 이로써 저자는 그리스도의 인격 안에서 제사장과 왕이라는 이중 직책을 연합시킨다. 아마도 이 부분에서 저자는 당시 쿰란 등의 분파가 왕적인 메시야와 제사장적 메시야를 함께 기대하던 사실을 의식하고 있었을 것이다. 어떠한 경우에든 여기에서 인용된 두 시편 구절은 주 예수 그리스도에 관한 저자의 사고를 집약시켜 잘 표현해 주고 있다.

5:7 또 다른 면을 보더라도 예수 그리스도는 제사장직에 적합하다. 제사 드리는 일에 대해(참조, 1절) 살펴본다면 예수님이 지상에 계셨을 때 "간구와 소원을 올렸다"는 점에 주목할 수 있을 것이다. '올렸다'는 표현을 위해 저자는 그가 1절에서 사용한 것과 같은 동사(프로스훼로[προσφέρω])를 사용했다. "자기를 죽음에서 능히 구원하실 이에게 심한 통곡과 눈물로"라는 수식어는 겟세마네의 경험을 뜻한다고 알려져 왔다. 그러나 여기에서 쓰인 헬라어는 그것이 70인역 성경의 시편 22:24에서 유래한 것이라는 추론을 가능하게 해 준다. 그 시편이 히브리서 저자가 보기에 메시야적인 것이었기 때문에(참조, 2:12) 그가 그 시편에서와 같이 십자가의 고난을 마음속에 실제로 생각했을

가능성이 있다. 그것은 구세주의 울부짖음이 그분의 희생적 사역과 바로 직결되는 것이기 때문에 더욱 그러하다.

하나님이 '통곡과 눈물'을 받아 주셨다는 것은 "그의 경건하심(유라베이아스[εὐλαβείας])으로 말미암아 들으심을 얻었느니라"라는 객관적 사실에 의해 확증되었다. 이 사실은 시편 22편이 뒷받침하고 있으며, 그 후반부는 고난을 헤쳐 나온 후 하나님을 찬양하는(참조, 시편 22:22~31) 그분의 말들로 구성되어 있다. 사실상 승리를 표현하는 시편 22:22 부분은 이미 히브리서 2:12에 인용된 것이다.

이로써 그 존경할 만한 고난받은 자는 진실로 죽음에서 구원받았으며 그것은 곧 죽음으로부터 일어섬을 뜻하는 것이다. 여기서 우리는 부활이 예수 그리스도의 희생적 사역을 하나님이 받아들이신 결정적인 증거임을 추론할 수 있다.

5:8~10 이상에서 언급한 경험은 예수 그리스도가 고통받는 자기 백성을 위해 사역하시기 전에 겪어야 했던 일종의 교육이었다. 독생자라는 하나님과의 유일한 관계에도 불구하고 고난을 내포하는 순종의 참의미를 경험하셔야 했다. 그렇게 함으로써 그 백성의 지도자요 대제사장으로서의 역할을 감당하기에 온전하게 되셨다. 이러한 사실에 대해 일말의 당혹감 혹은 신비스러움을 느낄 수도 있을 것이다. 그러나 누가복음에서 발견되는 "예수는 지혜와 키가 자라가며 하나님과 사람에게 더욱 사랑스러워 가시더라"(눅 2:52)라는 말씀을 기억해 본다면 그다지 당황하지 않을 수도 있을 것이다. 물론 이성적으로 완전히 이해되는 차원은 아니라고 볼 수 있겠으나, 성육신의 사건은 이미 무한한 지혜를 가진 온전한 하나님의 아들이 인간적인 조건에 따른 경험론적인

지식을 습득해야 함을 뜻한다. 이때 고난은 그분이 경험한 실제이며 그 것을 통해 그분은 자기를 따르는 자들을 깊이 공감할 수 있게 되는 것이 다. 헬라어로 '배움'을 뜻하는 동사 에마텐(ἔμαθεν)과 '고난받음'을 뜻하 는 동사 에파텐(ἔπαθεν) 사이의 미묘한 언어유희를 주목해 보라!

이것이 바로 저자가 "자기에게 순종하는 모든 자에게 영원한 구원 의 근원이 되시고"라며 확언할 수 있었던 마음속 생각이었다. 여기에서 언급되는 구원은 기업(1:4)이라는 단어의 의미와 결코 구분할 수 없는 것이다. 그것은 또한 본문 9:15에서 언급된 '영원한 기업'과도 일치한 다. 그러나 행위의 순종이 아니라 믿음의 바탕으로 영생을 얻는다는 것 과 의미를 혼동하면 안 된다(참조, 요 3:16). 여기에서 저자가 생각하는 것은 최종적인 구원, 즉 모든 적들에 대한 승리와 그에 따른 많은 자녀 들의 영광의 기쁨이다. 이러한 구원은 명백히 순종, 즉 고난받으신 예 수의 모범을 따르는 순종에 달려 있다는 뜻이다. 이것은 곧 "누구든지 나를 따라오려거든 자기를 부인하고 자기 십자가를 지고 나를 따를 것 이니라 누구든지 자기 목숨을 구원하고자 하면 잃을 것이요 누구든지 나와 복음을 위하여 자기 목숨을 잃으면 구원하리라"(막 8:34~35)라는 그분의 말씀과 같은 차원의 이야기이다.

대제사장은 순종적으로 살려는 모든 이에게 이러한 구원 경험의 '근 원'이 되셨다. 이러한 표현을 통해 저자는 모든 그리스도인들의 순종적 삶을 가능하게 하는 근원으로서 그리스도의 제사장직 활동을 말한다. 인간이 어떤 고통을 당하든 대제사장은 그것을 이해하고 공감하시며, 그것을 이기기에 넉넉한 은혜와 자비를 주신다. 후에 저자가 "그러므로 자기를 힘입어 하나님께 나아가는 자들을 온전히 구원하실 수 있으니 이는 그가 항상 살아 계셔서 그들을 위하여 간구하심이라"(7:25)라는 증언 즉, 그리스도가 "하나님께 멜기세덱의 반차를 따른 대제사장이라 칭하심을" 받은 것과 같은 맥락이다.

B. 세 번째 경고(5:11~6:20)

저자는 이제 멜기세덱의 반열을 따르는 그리스도의 제사장직에 관해 좀 더 구체적으로 살펴보려 한다. 그러나 독자들의 미성숙함과 나태함 때문에 그들이 앞으로의 이야기들을 얼마나 소화할 수 있을 것인가 하는 생각에 이르렀기에, 문제 전개에 앞서 경고하는 구절을 먼저 말한다. 의심할 여지없이 이것은 독자들의 주의를 환기시키기 위한 것이다. 또한 동시에 그들에게 어쩌면 그들을 비극적 퇴행으로 이끌지도 모르는, 현재 그들이 가지고 있는 문제들을 직시하게 하려는 것이기도 하다.

1. 미성숙함의 문제(5:11~14)

5:11~12 "우리가 할 말이 많으나"로 시작하는, 멜기세덱의 반열을 따르는 예수 그리스도의 제사장직에 관한 저자의 서술은 사실 광범위하고(7:1~10:18) 깊은 차원의 것이다. 그래서 저자는 독자들이 그것을 알아듣기가 그만큼 어려울 것이라 예상했다. 그는 그들이 이미 오랫동안 그리스도인으로 생활하고 있으므로 지금쯤은 마땅히 선생이 되었어야 했다는 점을 상기시킨다.

오히려 지금은 그들에게 초보적인 믿음을 다시 가르쳐 줄 사람이 필요하다는 현실도 함께 지적하면서, 현대적인 표현으로 바꾸자면 ㄱㄴㄷ을 다시 복습할 수준에 머무르고 있음을 일깨워 주려 한다. 그러나 신앙의 ㄱㄴㄷ을 다시 반복하려는 것이 저자의 의도는 아니다(6:1). 그가 관심을 갖는 것은 그들을 믿음에서 멀어지도록 유혹하는 것에 흔들리는 그들의 마음 상태다. 분파주의자들 혹 다른 이들에 의해 그들의 기독교 신앙을 포기할 것을 강요받을 때, 분명히 그들은 자기들이 그렇게도 굳건히 서 있어야 하는 그 기본적인 진리들을 때때로 의심했던 것이다. 그 결과 그들은 모든 면에서 "단단한 음식은 못 먹고 젖이나 먹어야 할 자"가 되었다. 이제 그가 그들에게 제공하려는 것은 진실로 단단한 음식물로서, 그는 그것을 통해 그들을 낮은 차원의 신앙에서 전격적으로 인도해 내기를 희망하고 있다.

5:13~14 영적인 일에 대해서는 어린아이로 남아 있는 것이 결코 바람직한 일이 아니다. 이것은 "젖을 먹는 자마다 어린아이니 의의 말씀을 경험하지 못한 자"이므로 더욱 그러하다. 영적으로 어리다는 것은 지식이 부족하다는 뜻이라기보다 그가 아직 '의에 관한 말씀'을 효과적으로 사용하는 것을 배우지 못했다는 것을 의미한다. 즉 그가 성숙하다면 적절하게 선악의 도덕적 판단을 할 수 있을 능력이 아직 그에게는 부족하다는 것이다. 그러한 능력은 "연단을 받아 선악을 분별하는 자"에게서 발견할 수 있다. 이러한 사람은 단단한 음식을 먹을 수 있다.

독자들이 자기를 유혹하려는 거짓 사상을 물리칠 수 있는 능력을 갖는 것에 저자가 큰 관심을 갖고 있다는 것이 여기에서 다시 한 번 잘 나타난다. 그들이 만약 충분히 성숙하다면 당연히 알아야 할 '선'과 그에 대항하는 '악'을 구별해 낼 수 있을 것이다. 그러나 저자는 아직 독자들이 그러한 수준에 이르지 못했음을 걱정하며 그 능력을 길러 주기 위해 최선의 노력을 다하고 있다.

2. 문제의 해결(6:1~3)

6:1~2 조금은 놀랍게도, 그들의 영적 상태에 대한 낮은 평가에도 불구하고 저자는 기초적인 옛 '터'로 돌아가려고 하지는 않는다. 그 대신 '그리스도의 도의 초보를 버리고 완전한 데'로 나아가자고 한다. 기본적인 것들만 자꾸 되돌아보면 결국 그 상태에 머물러 있게 된다. 저자는 자신이 할 수 있는 한도 내에서 긴급 처방을 내리려고 한다. 이것은 진실로 그들에게 적절한 처방이다. 그들이 적절히 성장해 나간다면 회개를 반복하는 위험을 피할 수 있을 것이다. 4~6절에서 경고하듯이 그들이 타락하면 그때 그들의 회개를 위해 또 다른 터가 하나 필요하다. 그러나 그러한 회개는 불가능하다. 그러므로 오직 전진만이 그들의 유일한 살 길이다.

"죽은 행실"이라는 표현은 레위인의 의식(9:14)이라는 맥락 안에서 이해할 수 있다. 대부분 유대교에서 개종한 그들은 이미 그러한 의식들이 의미 없다는 것을 알고 있었기에 저자는 어떠한 형태로라도 이러한 행위가 반복되어서는 안 된다는 점을 강조한다. 만약 이러한 행위가 반복된다면 그것으로부터의 회개를 위해 매우 어렵게, 또한 거의 불가능한, 새로운 기초가 놓여야 하기 때문이다.

그러나 그들이 그러한 기초를 놓으려고 할 때 다음의 기본적인 진리들이 포함된다. "하나님께 대한 신앙과 세례들과 안수와 죽은 자의 부활과 영원한 심판에 관한" 말들이다. 저자는 이 모든 것이 초보적인 (5:12) 진리임을 명백히 이야기한다. 아마도 이것들은 모두 이런저런 면에서 저자의 신경을 거스르는 분파주의자들이나 여러 가지 다른 설일 것이다. 어쨌든 의식으로 돌아가려는 것은 그것이 정통 유대교적인 것이든 분파적인 것이든, 오로지 '죽은 행실'로 돌아가려는 행위일 뿐이다. 누구든지 이러한 유혹을 받는 사람은 구원이 의식에 의해서가 아니라 "하나님께 대한 신앙"에 의한 것임을 다시 한 번 상기해야 한다. 나아가 그리스도인들이 알고 있는 다양한 세례들(요한의 세례, 일반적인 그리스도인의 세례와 심지어 성령세례)의 중요성과 의미를 '안수'에 관한 기본적인 의미와 함께 재검토해야 한다. 이러한 주장을 펼치는 것은 저자가 그들 특유의 '세례들'과 '안수'를 내세워 특정한 교리를 펴는 분파주의의 가르침들을 의식하고 있기 때문이리라.

만약 그들이 이렇게 특정한 '세례'와 '안수'를 전제 조건으로 내세우면서 정상적인 기독교의 종말론적 기대들(참조, 4:1, 8~10 주해)을 부정한다면 그때는 "죽은 자의 부활과 영원한 심판"에 대한 근본 교리 역시 문제가 된다. 그들이 기독교 신앙을 버리고 타락해 버린다면(6:6) 그것은 곧 위의 모든 교리를 포기한다는 것을 뜻한다. 이러한 의미에서 본다면 비록 저자가 그 가능성을 극히 작은 것으로 진술하고 있더라도, 그들을 완전히 재교육시키기 위한 '터'가 마련되어야 할 것이다.

6:3 저자가 원한 것은 그들이 앞으로 전진하는 것이다. 그러나 그는 자신이 그들을 독려하고 자극한다고 이 문제가 해결되지 않음을, 아니 그이상의 결정적 차원이 있다는 것을 알았다. 하나님이 반드시 도우셔야 하고, 그분 혼자만이 그들을 도와 그 목표에 이를 수 있게 하신다는 것

이다. 그러므로 저자는 "우리가 … 완전한 데로 나아갈지니라"(1~2절)고 하면서도 "하나님께서 허락하시면 우리가 이것을 하리라"라는 영적인 도움을 청할 수밖에 없다.

3. 진보의 회피(6:4~8)

극도의 단호한 문구를 통해 저자는 자신이 그들에게 그렇게도 원하는 그 전진을 이루지 못했을 경우의 비극적 결과에 대해 설명한다. 만약 그들이 전진하지 못한다면 그들은 후퇴하는 것이다. 후퇴하는 이들에게는 그 상황이 진실로 냉혹하게 변할 것이다.

6:4~6 이 구절은 다음의 4가지로 해석해 왔다.

(1) 그리스도인이 그의 구원을 상실하는 위험을 묘사한 것이라는 견해: 이것은 구원이란 결코 취소할 수 없는 하나님의 사역이라는 성경의 증언으로부터 부정된다.

(2) 이것은 구원에 아직 이르지 못하는 단순한 신앙의 수준에 머물고 있는 자들이나 구원에 참여하지 못하고 단지 맛만 보는 자들에 대한 경고라는 견해(*The New Scofield Reference Bible*, p.1315)

(3) 만약 그리스도인이 자신의 구원을 상실한다면 회개의 여지도 없을 것이라는 견해(*The Ryrie Study Bible*, p.1843)

(4) 이것은 그리스도인이 참신앙과 삶의 자리로부터 그 이상의 봉사를 하기에 부적합하게 되거나(참조, 고전 9:27) 천년왕국의 영광을 상속하지 못하게 될 위험성에 대한 경고라는 견해

여기에서는 마지막 것을 택했다. 이 구절들은 헬라어로 하나의 문

장을 이루고 있고, NIV에도 역시 한 문장으로 옮겨졌다. 이 문장의 요
지는 ' ~한 자들은 회개하게 할 수 없다'(It is impossible for those who have
… to be brought back to repentance)는 것이다. 즉, '~한 자들'(those who)
은 회개하기가 거의 불가능하다는 것이 저자의 속마음이다. 이 표현은
그가 그리스도인들을 염두에 두고 있음을 보여 준다.

먼저 저자는 타락한 자들을 '한 번 빛을 받은' 사람들로 묘사했다. 이
것이 회개의 경험(고후 4:3~6)과 연관된 것이라는 추론은 자연스러운
것이다. 이 외에 저자가 이 '빛을 받다'라는 동사를 사용한 예는 오직 본
문 10:32뿐이다. 그런데 여기에서도 역시 그것과 그리스도인의 체험과
의 연관성을 부정하기는 어렵다. 또한 '하늘의 은사를 맛본' 사람들을
언급했다는 데서 그가 다시 처음의 회개와 연관된 친밀한 개념을 사용
한다고 볼 수 있다(참조, 요 4:10; 롬 6:23; 약 1:17~18). '맛보다'라는
단어를 무엇인가 완전한 구원에서 떨어져 있는 상태를 뜻한다고 보고
위의 결론을 회피하려 한다면, 이는 이 단어를 사용하는 저자의 관점을
고려할 때(2:9) 예수님의 죽음 자체를 잘못 이해하는 결과를 초래하게
된다(참조, 벧전 2:3; 시 34:8).

"성령에 참여한 바 되고"라는 구절에 이미 1:9에서 메시야 왕의 동
류들을 뜻하는 단어 메토코이(μέτοχοι)가 다시 사용되었고, 3:1, 14;
12:8에도 사용되었다. 지금까지의 표현들로 미루어 저자는 지금 회개
의 결과로 성령의 은사를 받은 이들을 생각하고 있다고 볼 수 있다.

이제 최종적으로 '하나님의 선한 말씀과 내세의 능력을 맛본' 사람들
도 있다. 이들은 하나님의 말씀으로 양육을 받아 그것의 '선함'과 이적
의 실재를 이미 아는 사람들이다. '능력'(두나메이스[δυνάμεις], NIV에
서는 'powers'로 옮겼음)이라는 단어는 신약성경에서 '이적'을 뜻하므로

이것은 이미 2:4에서 언급한 경험을 재암시한다. 모든 면에서 여기에 쓰인 언어는 참그리스도인에게 해당되는 것들뿐이다. 이러한 의미에서 본 구절들이 참신앙을 계속 전진시키지 못하고 유아적인 상태에 머물고 있는 이들을 의식해 쓰였다는 주장에 더욱 신빙성을 더한다. NIV의 "if they fall away"라는 번역은 원문에 충실하지 못한 것이다. 파라페손타스(παραπεσόντας)라는 헬라어 단어는 조건적 문장으로 옮길 만한 요소가 절대 없다. 사실상 그것은 여러 선행 구절과 연관되는 하나의 절 (construction)에 속한 부분이다. 그러므로 "it is impossible for those who have once been enlightened, who have tasted … who have shared … who have tasted … and who have fallen away, to be brought back to repentance"라는 직설법 문장으로 옮기는 것이 더 타당하다. 저자의 어투로 미루어 그는 어떤 상황을 가정하는 것이 아니라 이미 그러한 경우들을 알고 있다고 볼 수 있기 때문이다.

여기서 '타락했다'가 곧 영원한 생명을 잃어버린 것을 뜻한다고 볼 수는 없다. 요한복음에서 증언하듯이 영생은 그것을 위해 그리스도를 믿는 모든 이들의 부동의 소유이기 때문이다. 그러나 저자는 명백히 신앙의 불이행, 즉 기독교 신앙에서 후퇴하는 그들의 배신(apostasy)을 의식하고 있다(참조, 3:6, 14; 10:23~25, 35~39). 이미 중생한 사람은 다시는 어떠한 실패도 하지 않는다는 교리는 신약성경에서도 결코 지지를 받지 못한다. 이러한 잘못된 가르침의 유혹을 받아 후메내오와 빌레도 같은 이가 부활이 이미 지나갔다 하며 어떤 사람들의 믿음을 무너뜨린(딤후 2:17~18) 예를 바울도 지적한 바 있다. 히브리서의 저자는 냉정하고도 심각하게 독자들의 신앙을 비판하는 사람이다. 그러므로 그는 결국 유혹에 굴복해 타락해 버리는 이들은, 그들이 이미 경험한 위대한 영적 특권에도 불구하고, 회개하게 할 수 없다고 경고한다. 그 이유는 "그들이 하나님의 아들을 다시 십자가에 못 박아 드러내 놓고 욕되게" 했기 때문이다.

자신의 태도와 행위에서 구체적으로 기독교 신앙을 포기한 이들은 결국에는 공적으로 그리스도를 부인하기에 이른다. 처음 그분을 신뢰했을 때 그들은 그분의 십자가가 부당하며 그것은 구세주를 거부한 인간들의 죄악의 결과라는 것을 인정했다. 그러나 이제 이러한 신앙을 포기함으로써 그들은 원수들의 주장, 즉 그분이 십자가형에 처해짐이 마땅하다는 것을 재확인한다. 이러한 의미에서 그들은 "하나님의 아들을 다시 십자가에 못 박아 드러내 놓고 욕되게" 한 것이다.

원래 십자가 사건이 유대 땅에서 일어났기 때문에 만약 현재 독자들이 특정한 그들의 고대 종교 형태로 되돌아가려는 유혹을 받고 있다면 저자의 말은 특별한 의미가 있다. 즉 그들의 배교는 예수 그리스도를 그렇게도 십자가에 못 박으려 하던 자들의 길을 매일매일 뒤따라가는 것과 같다. 이러한 사람들은 기독교적 회심의 첫 걸음인 회개의 상태로 결코 돌아올 수 없다. 이러한 사실의 논리 전개에서 저자의 어투가 암시하는 바는 그들을 기독교로 개종하는 차원이 아닌 그리스도인으로서의 헌신으로 돌이키기에는 그들의 마음이 너무 강퍅해지고 있다는 것이다.

6:7~8 이 구절에서는 자연 현상을 통해 저자의 마음을 대변한다. 땅이 비를 흡수해 그 소출을 내는 것은 곧 하나님께 복을 받는 일이다. 여기에서 저자는 지금까지 그가 묘사한 영적인 특권들을(4~5절) 그리스도인의 삶에 내리는 하늘의 비에 비유한다. 그 비의 결과로 밭가는 자

들이 쓰기에 합당한 채소가 나온다는 것은 성숙한 믿음의 삶을 살아가는 사람들로부터 다른 교인들이 본을 얻을 수 있다는 점을 이야기한다(참조, 10절).

그러나 이 '비'를 흡수하고도 생산을 하지 못하는 땅은 어떠한가? NIV는 'land'라는 단어를 8절에서 두 번째로 등장시키고 있으며 그 구절이 7절에서 이미 언급된 '땅'과 직접적으로 연결되고 있음을 보여 준다. 그러므로 "But When (or if) it produces thorns and thistles…"로 옮기는 것이 더욱 적절하다. 즉 여기의 요점은 비를 흡수한 땅이 그 소출을 내는 건 곧 하나님이 그 땅을 축복하심을 의미한다는 것이다. 오히려 "가시와 엉겅퀴를 내면 버림(아도키모스[ἀδόκιμος: 'dis-approved']. 참조, 고전 9:27)을 당하고 저주함에 가까워 그 마지막은 불사름이 되리라"는 이 비유는 땅에 대한 하나님의 첫 번째 저주(창 3:17~19)를 연상시킨다. 또 열매 없는 그리스도인의 삶은 결국 하나님의 징벌 아래 놓이게 되고 그분의 불타는 진노와 심판을 받을 것임(참조, 10:27)을 뜻한다. '불사름'이라는 표현이 많은 사람에게 지옥을 연상시키지만, 본문에서 이러한 사실을 암시한다고 보기는 어렵다. 실족하는 백성에 대한 하나님의 진노가 구약성경에서는 때때로 타는 불(참조, 사 9:18~19; 10:17)에 비유되곤 했다. 심지어 저자는 더욱 강렬한 비유적 효과를 노리며 "우리 하나님은 소멸하는 불이심이라" (12:29)라고 했다. 사실상 여기에서 지옥을 생각하는 것은 저자의 의도와 어긋난다. 들을 불사르는 것은 원치 않는 잡초를 없애기 위한 고대의 농경 방식이었다. 그 후에야 그 들이 풍성한 수확을 거두기에 합당한 농경지가 되기 때문이다.

저자가 이러한 비유를 사용하는 것은 그가 신앙을 저버린 자들의 완전한 파멸을 뜻하는 것이 아님을 보여 준다. 비록 그러한 이들을 다시 기독교 신앙으로 불러들이려는 모든 노력(6:4~6)이 지금은 효과가 전혀 없지만, 그렇다고 그것이 곧 절대적인 의미에서의 불가능함을 뜻한다고 단정 지을 수는 없다. 아마도 저자가 의도하는 바는 배교에 따른 처벌은 불가피하지만 그들의 땅이 한 번 불사름을 당한 뒤에는 문제가 달라진다는 점일 것이다. 바울도 '믿음에 관하여는 파선한' 이들이 그 결과로 받는 대가적 체험을 통해 이익을 얻을 수 있으리라 믿었다(딤전 1:19~20).

물론 히브리서의 저자는 후속 결과에 대해서는 침묵을 지켰다. 이것은 그의 주 관심이 위로가 아닌 배교의 결과로 초래될 처참한 하나님의 심판에 대해 경고하는 데 있기 때문일 것이다. 그럼에도 불구하고 저자는 농사짓는 비유를 통해 '불사름'이 일시적인 일이 아니라는 점과 그것이 본질적으로는 희망적이라는 점을 은연중에 밝히고 있다.

4. 격려(6:9~20)

저자는 지금까지의 자신의 말들이 상당히 심각했고 또 독자들에게 큰 부담을 안겨 주는 내용이었음을 의식하고 이제 격려로 새로운 희망을 북돋우려 한다. 이러한 형식은 경고의 구절들(3~4장)이 긍정적으로 마무리된 예(4:14~16)에서 이미 보여 줬다.

6:9 저자는 독자들에게 자신의 의도가 온전히 그들을 위축시키고 실망시키려는 것이 아님을 나타내려 한다. 그는 이제 "너희에게는 이보다 더 좋은 것"이 있다는 점을 알려 준다. 이것은 마치 어떤 목회자가 교인

들에게 여러 가지 그릇된 행위에 대해 경고한 뒤에, '그러나 여러분! 저는 여러분은 그러한 행위를 결코 하지 않으시리라 믿습니다'라고 말하는 것과 같은 맥락이다. 이것은 결코 신학적인 전제가 아니다. 단지 희망의 표현인 것이다. 그가 확신하는 '더 좋은 것'은 '구원에 가까운 것'이다. 여기에서 언급되는 구원은 1:14에서 의미하는 것과 같은 관점에서 이해해야 한다. 그것은 끝까지 인내하며 참아온 왕의 동류들이 상속받는 승리와 영광의 경험이다. 저자는 비록 독자들에게 배교에 대해 경고한 것이 그들을 약간 위축시켰다고 할지라도 그들이 끝까지 참고 견디면 이러한 축복을 받을 것이라는 점을 더욱 강조한다.

6:10 저자는 '하나님이 불의하지 아니하시다'는 사실을 안다. 그래서 다른 성도를 섬김으로써 하나님께 대한 사랑을 나타낸 이들을 버리시지 않을 것임을 확신한다. 그는 매우 기술적으로 자기 독자들이 그들의 동료 교우들에게 행했던 것과 행하고 있는 것을 상기시킨다. 또한 하나님이 이웃에게 사랑을 베푸는 그들의 온갖 행위들을 구체적으로 알고 계시다는 것을 확신함으로써 그들의 그러한 삶을 더욱 고무, 격려한다.

6:11~12 만약 그들이 처음과 동일한 부지런함을 계속 유지한다면 끝까지 참는 자들에게 돌아오는 소망을 보장받는다. "게으르지 아니하고"의 '게으르다'(노트로이[νωθροί])는 5:11에서 '둔하다'고 표현되었다. 그들의 참목표는 그들 앞에 있는 기업을 상속받는 것이다. 그들은 이제 하나님의 약속들을 믿음과 인내를 통해 상속받으려는 이들의 모범이 되어야 한다.

6:13~15 아브라함이야말로 이러한 모범의 가장 전형적인 본이다. 저자는 지금 여호와 이레 사건 직후인 창세기 22:17에서 주어진 약속을 생각하면서 그 약속을 받아들이는 것 자체를 응답으로 본다. 약속을 받아들인다는 것에는 인내심을 갖고 오래 참는 것(이삭을 바치려는 시험을 포함)이 큰 비중을 차지한다. '오래 참아'로 번역된 마크로투메사스(μακροθυμήσας)는 히브리서 6:12에 쓰인 인내를 뜻하는 마크로투미아스(μακροθυμίας)의 분사 형태로, 신약성경에서 다른 이에게 복수하려는 마음을 절제하는 능력을 뜻할 때 많이 사용된다(참조, 골 1:11; 3:12; 약 5:7~8, 10). '인내, 견인'을 뜻하는 휘포모네(ὑπομονή)는 그 동의어로서 바람직스럽지 못한 환경에서도 꿋꿋이 버틸 수 있는 능력을 나타낼 때 쓰인다(참조, 골 1:11; 히 12:1~3, 7; 약 5:11).

6:16~18 이제 문맥의 핵심이 본을 보인 아브라함에서 그에게 주어진 언약으로 옮아간다. "네 씨로 말미암아 천하 만민이 복을 받으리니"(창 22:18)라는 약속이 아브라함 개인의 차원을 넘어 메시야적인 차원의 관점에서 이해된다. 이제 히브리서 저자는 그 메시야적 소망이 아브라함뿐만 아니라 "약속을 기업으로 받는" 모든 자에게 해당된다는 것을 강조한다. 인간들의 다툼에서 맹세가 최종 확정인 것처럼 하나님이 그 일에 맹세로 보증하셨으므로 이 약속에 관해서는 더 이상의 논쟁이 필요 없다. 또한 이러한 소망을 가진 이들을 격려해 주는 "두 가지 변하지 못할 사실"이 있다.

6:19~20 18절의 "소망을 얻으려고 피난처를 찾은"이라는 표현은 잘 무장된 피난처의 이미지를 나타낸다. 이제 저자는 우리의 영혼이 안식

할 항구로 우리보다 앞서 가신 예수 그리스도를 생각한다. '앞서 가신'으로 옮겨진 헬라어 프로드로모스(πρόδρομος)는 '선행 주자'를 의미하며, 항구의 이미지와 연관해 생각해 보면 모선을 떠나 조그마한 배로 옮겨 가서 그 모선을 안전하게 항구로 인도하는 선원의 역할이라고 할 수 있다. 이와 같이 영원한 대제사장 역할을 하시는 예수 그리스도가 하늘 성소에 먼저 들어가심으로 우리 모든 그리스도인의 소망이 결코 파선되지 않고 닻을 내릴 수 있도록 인도하신다. 그러므로 이제 독자들은 이 소망으로 끈기 있게 그 푯대를 향해 바로 나아갈 수 있게 되었다.

C. 위대한 제사장과 그분의 위대한 사역(7:1~10:18)

이제 본 서신 중 단일 부분으로서는 가장 긴 부분이 시작된다. 이 길이 자체가 이 부분의 중요성을 반영한다. 여기의 주제가 곧 히브리서의 핵심 주제다. 독자들이 가진 문제의 핵심은 곧 그리스도의 대제사장직이다. 그들은 이제 대제사장직의 위대함과 이것이 레위적인 제직보다 우월하다는 것, 그리고 그리스도의 죽음으로만 온전한 구원에 이를 수 있다는 것을 깨달아야 한다.

1. 우월한 제사장(7장)

저자는 5:1~10에서 소개한 그 주제로 되돌아온다. 그는 독자들이 그것을 바로 이해할 수 있을 것인가 의심했다(참조, 5:11). 같은 맥락에서 바로 직전에 경고했음(5:11~6:20)에도 멜기세덱의 제사장직의 의미를 새롭게 제기했다(6:19~20). 이제 그는 이 주제에 대해 구체적으로 독자들을 이해시키고자 한다.

a. 멜기세덱의 위대함(7:1~10)

7:1~3 먼저 저자는 구약성경이 소개하는 멜기세덱의 위대함을 소개한다. 그리스도의 원형으로서 일컬어짐에 걸맞게 멜기세덱은 왕이요 제사장이었다. 그는 아브라함을 축복했고 아브라함은 그에게 십분의 일을 바쳤다. 멜기세덱의 이름과 칭호는 의와 평강을 뜻하며, 이는 곧 메시야적인 의미를 갖는다. 또한 그는 "아버지도 없고 어머니도 없고 족보도 없고 시작한 날도 없고 생명의 끝도 없다". 나아가 저자는 유형론적으로(typologically) 멜기세덱을 하나님의 아들과 닮았다고 소개했다. 그러나 이것들보다 더욱 중요한 것은 그는 "항상 제사장으로 있느니라"는 증언이다. '항상'이라고 옮겨진 에이스 토 디에네케스 (εἰς τὸ διηνεκές)는 히브리서에만 나타나는 단어로(이곳과 10:12, 14에서 나타난다), '끊임없이', '중단됨이 없이'라는 문자적 의미를 가진다. 여기에서 저자가 멜기세덱이 제사장으로서의 역할을 끊임없이 담당하는 어떤 계열 조직에 속해 있다는 추론이 가능하다(그는 후에 7:8에서 멜기세덱을 "산다고 증거를 얻은 자"로 표현했다). 만약 이것이 옳다면 멜기세덱은 살렘(예루살렘)을 한동안 지배했던 천사적 존재였을 가능성이 있다. 그렇다면 "시작한 날도 없고"라는 진술은 그가 영원한 존재라는 것을 뜻하기보다는 단지 전시간적(pretemporal) 근원을 가졌다는 것을 의미한다. 멜기세덱을 하나의 천사로 보는 이러한

관념은 심혈을 기울여 천사들에 대한 그 아들의 우월성을 강조하려는 저자의 의도(1:5~14)를 고려할 때, 그를 하나님의 아들과 동격으로 높이는 해석을 용납하지 않는다. 진실로 쿰란에서는 멜기세덱을 천사적 품위의 존재로 생각했다는 명백한 증거가 있다. 만약 히브리서에서도 이러한 견해를 취했다면 이는 곧 하나님의 아들이 단순히 멜기세덱이 제사장 중 하나로 속해 있는 그 계열에서의 대제사장임을 표현하려는 것이 저자의 참의도라고 나타내는 것이다.

7:4~10 조상 아브라함에 비해 멜기세덱이 훨씬 월등하다는 것은 "아브라함도 노략물 중 십분의 일을 그에게 주었느니라"라는 증언으로 묘사된다. 비록 멜기세덱이 레위의 제직 계열에 들어 있지는 않다 할지라도 아브라함으로부터 십일조를 받고 또한 그를 축복했다. 이러한 축복의 행위는 그의 우월성을 더욱 뒷받침한다. 게다가 레위인들은 십일조를 받아도 결국에는 죽고 말지만 그는 "산다고 증거를 얻은 자"이므로 레위인들보다도 훨씬 우월하다. 나아가 어떤 의미에서는 레위인조차도 아브라함을 통해 십일조를 바쳤다고 볼 수 있다. 왜냐하면 그때 당시 아직 레위인은 현실적으로 존재하지 않았고 다만 그 조상 아브라함 안에 잠재적 존재로 있었기 때문이다. 저자는 레위인이 멜리세덱에게 십일조를 하지 않았음을 알고 있었다. 하지만 선조가 그의 후손들보다 위대하다는 원칙에 기반할 때, 아브라함의 행동은 멜기세덱이 레위 제사장들보다 더 우월하다는 사실을 확증한다. 이렇게 멜기세덱은 자신의 위대성을 구약성경의 기록을 통해 증언받았다.

b. 옛 것을 폐기하는 새로운 제사장직(7:11~19)

저자는 아브라함과 레위인과의 비교를 통해 멜기세덱의 우월성을 확고히 하면서 이제 새로운 논리를 전개한다. 사실 이러한 우월성은 율법이 폐기되었다는 관점에서 더욱 절실하다. 율법과 레위 제도의 모순성은 이제 더 나은 것으로 대체해야만 한다.

7:11~12 저자는 새로운 제사장이 아론 계열이 아닌 다른 계열에서 일어나리라는 하나님의 약속(시 110:4)을 기초로 레위 계통 제사 직분(priestly office)의 미흡함을 지적하면서, 이에 따른 필연적인 제직 변동이 일어난다면 레위 제사장 제도에 입각한 전체 율법 조직 역시 변화되어야 한다고 주장한다. 여기에서 저자는 비록 관점은 달리 하더라도 바울의 "너희가 법 아래에 있지 아니하고"(롬 6:14)라는 증언과 맥락을 같이한다.

7:13~14 레위 조직은 우리 구주가 유다로부터 나심으로써 폐기되었다. 레위적인 조직 아래에서는 아무런 역할도 감당하지 못한 족속에서 그리스도가 나신 것이 하나님이 이미 약속하신 변화의 증거다.

7:15~19 더욱 분명한 증거는 새로운 제사장이 불멸의(아카타루투 [ἀκαταλύτου]) 생명을 가졌다는 점이다. 무궁한 생명력이 멜기세덱 계열의 필수적 구성 요건임을 나타내기 위해 시편 110:4이 다시 인용되었다(아마도 저자는 본문 7:8에서도 이 구절을 의식하고 있었을 것이다). 이제 새로운 제사장은 "육신에 속한 한 계명의 법을 따르지 아니하고"

즉 조상들의 그 규례를 따르지 아니한다는 것이다. 저자는 제직의 조직과 승계를 좌우하는 율법을 육적인 것으로 보고 있는데, 이는 율법이 악하다는 의미에서가 아니라 육체에 속해 죽고야 마는 사람들에게 속한 것이기 때문이다. 이제 드디어 이 "전에 있던 계명이 연약하고 무익하므로" 대체되기에 이르렀다. 그것은 우리가 하나님께 가까이 나아갈 수 있는 좋은 소망이 생기게 하는 새로운 제사장직이다. 이제 아무것도 온전하게 할 수 없는 율법을 대신해 우리를 하나님께로 나아가게 하는 새로운 길이 나타난 것이다.

c. 새 제사장의 우월성(7:20~28)

저자가 이미 주장한 것과 같이 멜기세덱이 레위보다 위대하고(4~16절) 새로운 제사장직이 옛 것을 폐기시킨다(11~19절)면, 그때 새 제사장이 레위 계열의 제사장들보다 틀림없이 훨씬 더 우월하다.

7:20~22 그리스도의 제사장직은 맹세로 시작되었다는 점에서 레위인의 것과 전적으로 다르다. 아론의 자손들은 맹세 없이 그들의 위치를 취해 왔다. 여기에서 저자는 그분의 직위로 인도되는 새로운 제사장의 우월성을 장엄하게 묘사하는 시편 110:4을 또 인용한다. 이 맹세로써 예수는 더 좋은 언약의 보증(엥구오스[ἔγγυος], 신약성경에서 오직 이곳에서만 쓰였음)이 되셨다. 이제 예수님은 그분의 인격 안에서 옛 것과 비교되는 새로운 질서의 우월함을 확신시켜 주신다. 그것은 그분의 맹세가 제직에 있어서 그분의 영원한 사역을 보증하기 때문이다.

7:23~25 구약에 나타난 어떠한 제사장도 영원히 활동하지는 못했다. 그들은 모두 죽어야 했기 때문이다. 그러나 예수님의 영원한 제사장 직은 이제 그분의 구원 사역을 완성할 수 있는 능력을 예수님에게 준 것이다. 온전히 구원하실 수 있다고 확신할 때 저자는 처음 1:14에서 언급한 구원의 후사를 계속 심중에 두고 있다. 독자들은 자신의 처음 신앙 고백을 굳게 지키면서 그분을 힘입어 하나님께 나아가는 자들 중의 한 사람으로 남아 있어야 한다. 그분은 항상 살아 계셔서 그들을 위하여 간구하시는 분이므로 중도에 어떠한 어려움과 시험이 있더라도 우리를 끝까지 지키고 돌보실 것이다. 저자는 그가 이미 밝힌 진리(4:14~16)를 다시 반복한다. 그는 독자들에게 예수님의 제사장직을 통해 얻은 자비와 은혜를 대담하게 활용하라고 말한다. 그렇게 했을 때, 그들의 대장 되시며 대제사장 되신 분이 그 사역을 하실 수 있음을 발견하게 될 것이다. 예수님은 전승적으로 그들을 영광 안으로 이끄실 수 있었다. 이런 방식으로 그분은 "완전히" 구원하신다.

7:26~28 그분은 우리의 요구를 충족시켜 주시는 합당한 대제사장 이다. 그분은 흠이 없고 하늘보다 높이 되셨다. 그렇기 때문에 그분은 레위 계통의 제사장들과 같이 먼저 자기 죄를 위해, 다음에 백성의 죄를 위해 날마다 제사를 드릴 필요가 없다. 얼핏 보면 27~28절이 레위기 16장의 대속죄일의 의식을 언급하는 것 같지만, 그것은 연중 행사 였다는 점에서 본문의 행사와 다르다. 아마도 이 구절들은 일상적인 제사 의식을 압축한 표현일 것이다. 제사장은 매일 희생 제사를 드렸다는 몇몇 증거도 있다(참조, 레 6:12~13).

그러나 그 어떠한 경우에든 이 새 제사장은 그 자신을 위해서나 혹은 다른 이들을 위해서도 반복적인 제사를 드릴 필요가 없다. 자기를 드리는 그분의 행위는 단 한 번으로도 결정적이며 충분한 것이기 때문이다(이에 관해서는 9장과 10장에서 더욱 상세히 이야기할 것이다). 여기에서는 레위 계통의 제사장들과 비교해 그 아들이 너무도 완전한 대제사장이라는 것을 밝히는 것에 저자는 만족하고 있다. '영원히 온전하게 되셨다'는 표현은 5: 8~10을 상기시킨다. 단번에(에파팍스[ἐφάπαξ]. 참조, 9:12; 10:10; 하팍스[ἅπαξ], 9:26, 28) 자기 자신을 드렸던 그 아들의 고난이 바로 그의 추종자들을 위해 하나님께 간구하는 분으로서 그분의 역할을 온전하게 하는 요인이 되었다. 율법은 약점을 가진 사람들을 제사장으로 세웠으나 "율법 후에 하신 맹세의 말씀은" 이러한 제사장을 탄생시켰다. 따라서 이제 독자들은 어느 때고 자기의 모든 필요를 충족시켜 줄 능력이 그분에게 있다는 확신을 가지고 예수님 앞에 나아갈 수 있다.

2. 우월한 봉사(8:1~10:18)

7장에서 저자는 새로운 제사장직의 우월함을 논의했다. 이제는 그러한 제사장직은 그만큼 우월한 제사장으로서의 목회를 감당하고 있음을 이야기하려 한다. 본 서신은 이 과정에서 새로운 계약(Covenant)이 새 제사장직 활동에 전제되어 있음을 보여 준다.

a. 우월한 봉사의 소개(8:1~6)

8:1~2 저자는 "지금 우리가 하는 말의 요점은"이라는 전환적 표현으

로 지금까지의 가르침을 정리하고 새로운 사고로 나아가려 한다. 그리스도를 하늘에서 "지극히 크신 이의 보좌 우편에 앉으신" 대제사장으로 묘사함으로써 1:3의 증언을 새롭게 이해하고 있다(참조, 10:12; 12:2). 저자가 여기에서 의도하는 바가 무엇인지는 후에 자세히 다룰 것이다. "성소와 참장막에서 섬기는 이"라는 표현도 그가 이미 암시적으로 주장하는 내용을 묘사한 것이다. 그러나 제사장적인 의미에서 사역함을 뜻하는 '섬기는'(레이투르고스[λειτουργός])이라는 단어의 사용은 사실상 저자가 새로운 주제를 논하려 하고 있음을 나타낸다. '참장막'이란 그러한 사역이 일어나는 하늘의 장소를 말한다.

8:3~6 이제 새로운 주제의 전주가 시작된다. 제사장의 역할은 예물(도라[δῶρα])과 제사(투시아스[θυσίας]. 참조, 5:1; 9:9) 드림을 포함하기 때문에 자연히 이 새 대제사장도 무엇인가를 드려야 한다. 그럼에도 불구하고 그분의 섬김은 이 땅에서의 섬김이 될 수 없다. 아직 레위적인 제사 의식이 행해지고 있기 때문이다(이것은 유대교의 성전이 아직 존재하고 있음을 암시한다). 그러나 레위 제사 의식이 행해지는 성소는 단지 새 제사장의 일터인 하늘에 있는 성소의 모형(휘포데이그마티[ὑποδείγματι]. 참조, 9:23~24)과 그림자(스키아[σκιᾷ]. 참조, 10:1)일 뿐이다. '그림자적 성소'로서의 그 위치는 엄격한 하나님의 명을 좇아(8:5) 성막(성전의 원형)을 세웠던 모세 때에 확립되었다. 그러나 예수님이이 중보하는 언약이 옛 것을 폐기했듯이 이제 그분의 사역은 레위 계통 제직들의 사역을 훨씬 능가한다(저자는 중보자라는 단어를 세 번 사용했다. 8:6; 9:15; 12:24). 이제는 새로운 사역(레이투르기아[λειτουργία]. 참조, 8:2)이 새로운 언약을 기초로 행해지

는 것이다.

b. 우월한 언약(8:7~9:15)

8:7 저자는 예레미야 31:31~34을 인용해 새 언약을 소개하기에 앞서, 옛 것의 부적절함 때문에 이제 새 언약을 필연적으로 요구하게 되었음을 주장한다.

8:8~12 저자는 하나님이 "그들의 잘못을 지적하여" 새 언약을 맺으셨음을 말한다. 구약은 그 백성의 죄악으로 인해 실패했다. 구약의 한도 안에서는 그 만연한 죄악의 처방을 마련할 길이 없었던 것이다. 그러나 이제 새로이 세워진 '새 언약'에는 그러한 처방이 있다.

인용 구절을 분석해 보면 먼저 전의 것과는 다른(9절) 것이라 강력한 선언과 함께 새로운 언약이 세워질 것이라는 예언(8절)이 나온다. 그리고 약속된 새 언약의 우월성이 여러 면에서 강조되어 묘사된다(10~12절).

(1) 내면적인 복종의 자세(하나님은 "내 법을 그들의 생각에 두고 그들의 마음에 이것을 기록하리라" 하셨다.)

(2) 하나님과의 확고한 관계성("나는 그들에게 하나님이 되고 그들은 내게 백성이 되리라.")

(3) 하나님을 아는 지식("작은 자로부터 큰 자까지 다 나를 앎이라.")

(4) 죄의 용서("내가 그들의 불의를 긍휼히 여기고 그들의 죄를 다시 기억하지 아니하리라.") 등이 옛 것보다 훨씬 우월한 '더 좋은 약속'(6절)임을 증명한다.

이러한 은총이 십자가 사건 이후의 모든 중생한 교인들에게 해당되는 것임은 분명한 사실이다. 비록 여기에서 새로운 언약이 이스라엘(참조, "이스라엘 집과 유다 집", 렘 31:31)을 초점으로 한 것은 사실이나 현재 모든 그리스도인이 이러한 은총 아래 있다는 것도 명백한 일이다 (참조, 눅 22:20; 고전 11:25; 고후 3:6). 여기에서 이스라엘과 교회 사이를 부적절하게 혼동하면 안 된다. 새로운 언약은 아브라함으로부터 시작된 이스라엘을 향한 축복을 성취하기 위해 지정된 하나님의 도구다. 그러나 동시에 아브라함의 언약은 전 세계적인 축복을 함께 약속한다는 사실도 간과하지 말아야 한다. 그러므로 새로운 언약은 십자가 이후에 그것을 믿는 자들을 위한 구원의 도구가 되는 것이다. 이러한 이야기는 "구원이 유대인에게서 남이라"(요 4:22)라고 하신 예수 그리스도의 말씀과 맥락을 같이한다. 어떠한 경우에든 기독교 교회가 유일하고 독특하게, 그리스도의 신부로서 이스라엘과는 구별되는 존재라는 것을 망각하지 말아야 한다.

8:13 구약의 예언을 인용한 후, 이제는 구약은 낡아지고(파라이우메논[παλαιούμενον]) 쇠하는 것으로 곧 없어져 가는 것이라는 결론을 내린다. 아직도 그것에 따른 의식들이 행해지고 있으나(4~5절) 그러한 행위는 영적인 의미에서 시대착오적인 것이다. 이러한 저자의 표현에는 예루살렘 성전이 무너질 것이라는 예수님의 말씀(마 24:1~2)을 상기시키려는 의도가 내재되어 있다고 볼 수 있다. 아마도 이 예언은 히브리서가 쓰인 직후 이루어졌을 것이다. 그렇다고 본다면 그것은 구약에 대한 저자의 논지를 확인해 주는 극적인 사건이었다고 할 수 있다.

9:1~5 낡은 옛 언약과 관련해 저자는 그 언약의 예법과 세상에 속한 성소에 관해 논한다. 새로운 언약 사역의 우월성을 돋보이게 하려는 의도에서 저자는 옛 언약과 물질적인 사물들과의 연관성을 강조함으로써 그 언약이 세상적(코스미콘[κοσμικόν], 1절)인 것이었음을 나타낸다. 그 모든 것이 유형론적인 의미를 가지고 있으나 저자는 "이것들에 관하여는 이제 낱낱이 말할 수 없노라"(5절)라고 한다. 그의 관심은 지금 중요한 몇 가지 문제에 집중되었기 때문이다.

9:6~10 1절에서 언급한 '예법'을 중심으로 옛 언약 아래서의 사역의 불완전함을 강조한다. 제사장들은 항상 정기적으로 첫 장막에 들어가 섬기는 예식을 행하지만, 둘째 장막은 오직 1년에 1번 대속죄일(참조, 레 16장)에 대제사장이 홀로 자기와 백성의 허물을 위해 드리는 피를 가지고 나아간다. 이러한 엄격한 규제는 하나님의 존전(지성소로 상징됨)에 나아가는 길이 아직 나타나지 않은 것임을 보여 준다. 적어도 그때는 성령이 그러한 절차를 통해 교통하기를 원했음을 말해 준다. 즉 레위적인 제도는 궁극적으로 인간을 하나님께 가는 바른 길로 인도하지 못한다. 현재까지 구약의 제사 제도는 깊은 차원에서 인간의 욕구를 충족시키지 못했다. 이러한 제도는 섬기는 자를 그 양심상 온전하게 할 수 없는 것이다. 사실인즉 이 제도를 구성하는 모든 규례는 개혁될 때까지만 의미가 있는, 외형적인 것들에 치중하고 있었을 뿐이다.

10절은 아마도 "먹고 마시는 것과 여러 가지 씻는 것"을 강조하는 분파주의자들을 겨냥하기 위한 증언일 것이다. 독자들은 반드시 이러한 것들이 낡은 언약 아래서의 일시적 형태였다는 것을 기억해야 한다.

9:11~12 저자는 이제 8:7에서 제기한 문제를 종결하려 한다. 그는 이미 구약이 더 좋은 새 언약을 기대하고 있었으며(8:7~13) 땅 위 성소에서 행해지던 옛 약속에 따른 의식이 스스로 그 부적합함을 드러냈다(9:1~10)고 지적했다. 이제 그는 새 언약의 중보자로서 그리스도 사역의 우월성을 설명하려 한다(11~15절). 11절의 NIV 번역은 문제의 소지가 있다. "Christ … went through the greater and more perfect tabernacle"이라는 내용이 저자의 의도라고 보기는 어렵다. 왜냐하면 그것과 12절에서 언급된 그가 들어갔던 '지성소'가 구분될 수 없기 때문이다. 그러므로 차라리 'through'라 번역된 디아(διά)라는 전치사를 "came as high priest of the good things that are already here"(혹은 대부분의 헬라 사본들을 따라서 "the good things which were to come"이라 옮겨도 좋을 것이다)과 연결시킴이 더욱 적절하다. 즉 'through'보다는 'in connection with'로 옮기는 것이 그리스도의 대제사장직과 '이 지상'의 것보다(1~5절) "더 크고 온전한 장막"(the greater and more perfect)으로 직결된다는 것을 잘 표현해 준다고 볼 수 있다.

그리스도는 "오직 자기의 피로 영원한 속죄를 이루사 단번에 성소에 들어가셨느니라"라는 표현에서 그분이 동물의 피가 아닌 자신의 피로 영원한 속죄를 이루셨다는 점이 곧 그 사역의 우월성을 나타낸다. 그 희생의 가치는 레위적인 제도인 동물 제물과는 비교되지 않는 위대한 것이다. 완전한 몸값은 인간의 구원을 위하여 지불되었다. 그리고 단 한 번(참조, 7:27, 10:10)뿐인 이 희생적 행동은 다시 지불될 필요가 없기 때문에 구원은 영원한 것이다.

9:13~14 그로 인해 새 언약의 축복(참조, 8:10~12)을 믿는 모든 이에

게 미치는 이 영원한 속죄는 반드시 하나님을 섬기는 방법에도 영향을 주어야 한다. 옛 언약에 따른 의식들은 겉으로 나타난 더러움만을 깨끗하게 했으나 그리스도의 피는 "영원하신 성령으로 말미암아 흠 없는 자기를 하나님께" 드렸기 때문에 그 이상의 능력을 가진다. 여기에서 저자는 성부 성자 성령의 3위를 모두 포함시켜 그리스도의 구속 사역의 위대함을 극대화한다. '흠 없는'(아모론[ἄμωμον])이라는 수식어는 그리스도의 완전함(참조, 4:15; 7:26)을 아주 적절하게 묘사한다(이 표현은 제사에 쓰이는 동물을 수식하는 데도 쓰인다).

이렇게 위대한 사역은 우리의 "양심을 죽은 행실에서 깨끗하게" 할 수 있다. '죽은 행실'이라는 표현은 결코 영적인 생명으로는 인도하지 못했던 레위적 제사 의식을 의미한다. 6:1에서처럼 저자는 자신의 독자들이 어떠한 형태로든 구약으로 돌아가려는 생각을 버리기를 원한다. 그들의 양심은 오로지 십자가의 능력을 완전히 확신할 때에만 자유로울 수 있으므로 그들은 자기 신앙을 굳게 잡아 새 언약의 질서 안에서 살아 계신 하나님을 섬겨야 한다는 것이다.

9:15 이렇게 함으로써 약속된 영원한 기업의 소망(참조, 12절의 "영원한 속죄", 14절의 "영원하신 성령")이 유지된다. 그리스도가 바로 이 언약의 중보자(참조, 8:6; 12:24)이시며, 그 기업은 부르심을 입은 모든 자에게 유효하다. 왜냐하면 중보자의 죽음으로 그들은 첫 언약 때 범한 죄에서 해방되었기 때문이다.

아마도 저자는 여기에서 분파주의자들이나 혹은 조상의 전통적 신앙을 버린 것에 대해 일말의 죄책감을 느끼고 있는 유대 출신의 그리스도인들을 의식했을 것이다. 그러나 그는 그리스도의 피가 그들의 양심에 평안을 주고 결국은 새 언약이 약속하는 '영원한 기업'으로 인도할 것임을 다시 한 번 확신한다. 즉 '믿음과 오래 참음'(6:12)으로 그들이 약속된 기업을 얻을 것이지만, 십자가에서 그들의 양심이 안식을 찾을 때 더욱 흔들리지 않고 그 길을 추구해 나갈 수 있다는 것이다.

c. 우월한 희생(9:16~28)

저자는 그리스도의 죽음이 동물을 바치는 것(12~14절)보다 훨씬 우월하고 더 좋은 언약(11~15절)을 세웠음을 분명히 했다. 그러나 아직 그러한 희생의 필요에 대해서는 더 밝혀야 할 것이 있다. 이 부분에서 가장 중요한 단어는 'necessary'(아낭케[ἄναγκη], 16, 23절)다. 이것에 대해 살펴봄으로써 저자는 명백하게 그리스도의 희생적 죽으심의 우월성을 강조한다.

9:16~17 이제 새로운 논리를 전개하면서, 저자는 먼저 '언약'이라는 의미로 취했던 헬라어 단어인 디아테케(διαθήκη)를 '유언'이라는 낱말로 사용함으로써 말뜻의 급격한 변화를 꾀한다. 물론 '언약'과 '유언'을 동일시하는 것은 모든 면에서 부적절하지만, 저자의 최종적인 분석에 따르면 새 언약은 유언적인 경향을 지니고 있다. 인간들의 유언이 그러하듯이 그것의 세부 시행 사항은 유언자에 의해 세워지고 상속자는 단지 그것들을 받아들일 뿐이다. 새 언약을 이러한 방법으로 소개함으로써 저자는 새 언약의 효력이 인간들의 유언과 마찬가지로 '유언한 사람의 죽음'에 달려 있음을 주장한다.

9:18~21 옛 언약 역시 피로 세운 것이다. 비록 구약성경에는 상세히 기록되지 않았지만 전승에 의해 저자가 알고 있는, 옛 언약의 제사에 필요한 물질적인 것들을 묘사했다. 그리고 이러한 묘사로 희생의 피를 뿌리는 의식으로 시작되는 옛 언약을 표현했다.

9:22 이 구절은 옛 언약에 따른 구체적 제의에 관한 것인데, 거의 모든 물건이라는 표현은 가난한 자들이 그들의 죄를 위해 고운 가루 제물(레 5:11~13)을 바쳤던 것을 고려했기 때문이다. 그러나 지금 저자의 관심은 "피 흘림이 없은즉 사함이 없느니라"라는 말씀의 좋은 예인 모든 백성의 죄를 대속하는 대속죄일의 행사에 집중되고 있다. 이것이 바로 새 언약에도 해당되는 원리이기 때문이다.

9:23 이제 저자는 희생과 새 언약의 관계에 대해 자신의 기본 입장을 밝힌다. 즉 그리스도의 죽음은 '필요했다'는 것이다. 단순히 "하늘에 있는 것들의 모형"(휘포데이그마타[ὑποδείγματα]. 참조, 8:5; 9:24)일 때는 동물 제물만으로도 합당하지만, 하늘에 있는 그것들은 그 이상의 것을 필요로 한다. "하늘에 있는 그것들"이라는 표현은 새로이 확립되는 제직의 중심이 하늘임을 나타낸다. 이러한 제사 방식들은 사람들의 죄를 다루면서 그 죄를 없애는 적절한 희생이 필요하다. 그리스도의 죽음은 바로 이 필요를 충족시킨다.

9:24~26 그리스도는 참 하늘에서, 즉 바로 하나님 앞에서, 죄 많은 백성을 위해 새 언약의 대제사장으로 세움 받으셨다. 그러므로 그분의 희생은 단지 "참 것의 그림자(안티투파[ἀντίτυπα])인 손으로 만든 성소

에 들어가는 것"보다 더욱 커야만 했다. 또한 그리스도는 레위 제도에서처럼 여러 번 희생 제사를 드릴 수가 없었다. 그것은 그분이 '세상을 창조한 때부터' 여러 번 죽으셔야 한다는 것을 의미하기 때문이다. 그리스도의 사역은 단번에 드린 완전한 희생이어야 했다. 이것이 바로 그분이 세상 끝에 나타나신 이유다. "세상 끝"이라는 표현을 통해 저자는 이제 명백히 도래한 옛 언약과 임박한 만물의 절정을 나타내려 한다(곧 그는 그리스도의 재림에 관해 언급할 것이다).

9:27~28 점차로 종말론적 실체가 중점으로 부각되기에 이른다. 인간은 자기 죄로 인해 한 번 죽을 수밖에 없고 또 그 후에는 심판을 받게 된다. 그러나 이 위험은 많은 사람의 죄를 담당하시는 그리스도의 자기희생(참조, 26절)으로 발전된다. "단번"(하팍스[ἅπαξ], 7:27; 9:12, 26, 28; 10:10)이라는 표현이 반복되는 것은 반복적인 제사 제도에 의지했던 레위적인 사역과의 대조를 이루는 그리스도 사역의 결정성과 우월성을 강조하려는 데 그 목적이 있다. 또 한편으로는 사람들의 "한 번" 죽는 것과(27절) 그리스도의 "단번에" 드리신 희생을(25절) 비교한다. 그러므로 이제 그분을 바라는(아펙데코메노이스 [ἀπεκδεχομένοις], 예수님의 재림과 관련해 9:28; 롬 8:19, 23, 25; 고전 1:7; 갈 5:5; 빌 3:20에서 7번 등장한다) 자들은 심판에 대한 두려움이 아닌 구원에 대한 희망찬 기대를 가지고 그분의 다시 오심을 기다린다. 그분의 첫 번째 오심은 죄를 담당하시기 위한 것이었으나 두 번째 오심은 '죄와 상관없이' 오시는 것이다.

저자는 아주 교묘하게 그분을 바라는 자들이 그분의 죽으심으로 은총을 받은 사람들보다 작은 범위 안에 있음을 암시한다. 그들이야말로 저자가 그렇게도 높이 평가하는 "시작할 때에 확신한 것을 끝까지 견고히 잡는"(3:14) 이들이다. 이제 그분의 재림의 때에 그들에게 주실 구원은 그들이 상속자가 되는 '영원한 기업'이다(참조, 9:15; 1:14).

d. 새로운 제사장직의 우월한 영향력(10:1~18)

이 부분은 7:1에서 시작된 주제를 마무리 짓는 부분이다. 7장에서 저자는 레위 계통의 제사장들을 압도하는, 멜기세덱의 반차를 따르는 대제사장으로서의 그리스도의 우월함을 주장했다. 또한 8:1~10:18에서는 더 좋은 언약(8:7~9:15)과 우월한 희생(9:16~28)에 기초한 그리스도의 제사장 사역의 우월성을 논했다. 이제 그는 그 우월한 희생이 새 언약을 믿는 모든 자를 완성시킬 것임을 주장한다.

10:1 "율법은 … 나아오는 자들을 언제나 온전하게 할 수 없느니라." 이때 '온전하게 한다'라는 표현은 죄가 전혀 없는 완전한 상태를 뜻하는 것은 아니다. 점차로 확실해질 것이나 저자는 십자가의 능력에 의지해 하나님을 신뢰하며 그분 앞에 자유롭게 나아갈 수 있게 하는 죄의 결정적 도말에 관심을 두고 있다.

10:2~4 옛 질서 아래에서 해마다 늘 드리는(1절) 수없이 많은 희생 제사들은 곧 섬기는 자들을 '온전하게' 하는 능력이 율법에 없음을 증언해 준다. 더 이상의 죄책감을 느끼지 않게 함으로써 사람들을 하나님 앞으로 이끌지 못한다. 오히려 이 제사들은 해마다 죄를 기억하게 하는 역할 밖에 하지 못했다. 동물의 피는 '능히 죄를 없이 하지 못하기' 때문이다.

10:5~7 이것이 바로 구약의 한 예언(시 40:6~8)이 하나님이 진실로 원하시는 것이 무엇인가를 증언한 이유다. 이 시편은 처음 오실 그리스도에 대한 말씀들 중 몇몇을 먼저 예언적으로 증언한다. "나를 위하여 한 몸을 예비하셨도다"(A body You Prepared for Me)라는 문구는 '당신이 나를 위해 귀를 묻어 두었다'(You have dug ears for Me)라는 히브리 고유의 숙어를 아주 잘 옮긴 것이다. 히브리서 저자는 분명한 성령님의 도우심으로 원래의 히브리 어구를 구어체로 잘 옮겨 놓았다(기술적으로는 이것을 제유[提喻, synecdoche]라고 한다). 성육신을 연상하며 묘사한 '몸' 안에서 그리스도는 구약이 결코 성취하지 못한 것을 성취하기 위해, 또한 새로운 언약을 믿는 모든 이들을 온전하게 하기 위해 오셨다. 이러한 의미에서 그분은 하나님의 뜻을 행하셨다.

10:8~10 이제 저자는 자신이 방금 인용한 본문의 내용을 더욱 심화, 발전시키려 한다. "그 첫째 것을 폐하심"(9절)의 의미는 옛 언약에 따른 제사가 궁극적으로는 하나님을 만족시켜 드리지 못했다는 것이다. 그러므로 이제는 "예수 그리스도의 몸을 단번에(에파팍스[ἐφάπαξ]. 참조, 7:27; 9:12) 드리심으로 말미암아 우리가 거룩함을 얻는" 하나님의 뜻을 따라야 한다.

"거룩함"이라고 옮겨진 헤기아스메노이(ἡγιασμένοι)는 성화(sanctify. 참조, 10:14, 29)와 같은 의미로 쓰였다. 그러나 저자가 사용한 표현은 신자의 삶의 점진적인 성화(progressive sanctification)를 의미하지는 않는 것으로 보인다. 그에게 성화는 바울의 칭의(justification) 개념과 마찬가지로 그리스도의 죽음에 의해서 '새 언약을 믿는 이들은 하나님을 섬기기에 자유롭도록 온전해졌다'는 완료적인 의미를 지닌 개념이라고 볼 수 있다(참조, 2:11).

10:11~14 다시 한 번 위의 사실이 레위적인 제사장직과의 대조 아래 강조된다. 레위 제사장들은 결코 그 제사 임무가 완수되지 못했기에 앉아 있을 수도 없었으나 이제 그리스도는 하나님 우편에 앉아 계신다(참조, 1:3; 8:1; 12:2). 이것은 그분이 영원한 제사를 이미 드렸으며 자기 원수들이 굴복할 때까지 여유 있게 기다리신다는 것을 뜻한다. "영원히"(14절)라고 번역된 에이스 토 디에네케스(εἰς τὸ διηνεκές)는 '언제까지나'라는 의미도 있다(7:1~3 주석 참조). 제사장들에 의해 매일 같이 반복적으로 드려지는 많은 제사들과 대조적으로 "영원한 제사"란 단 한 번의 희생 제사다(참고, "한 번의 제사", 12, 14절). 그가 '거룩하게 된 자들을 영원히 온전하게' 하셨다.

"거룩하게 된"이라는 말은 과정처럼 들린다. 그러나 이것은 10절의 "거룩함을 얻었노라"라는 표현을 무시한 것이다. 보다 더 좋은 표현은 '거룩하게 한(sanctified)'이다(tous hagiazomenous; 참조, 29절). '거룩하게 한'이란 하나님의 현존 안에 있는 상태를 말한다. 그 상태는 그들이 그리스도의 죽음(참조, 19~22절)을 통해 완전히 받아들여짐으로써 그분께 다가간다는 의미에서 '온전한'(참조, 11:40; 12:23) 것이다.

10:15~18 이제 새 언약의 은총(참조, 8:8~12)에 대한 본론으로 돌아가서 그것의 한 부분을 다시 인용한다(10:16에서는 렘 31:33을, 10:17에서는 렘 31:34을 인용했다). 본문은 하나님의 성령에 의해 증언된 것이며, 약속된 새 언약은 궁극적인 용서를 보여주는데, 이것이 의미하는 바는 더 이상 죄를 위해 다른 희생이 필요하지 않다는 것이다. 저자가

조금 뒤에 보여 주듯이, 그리스도의 충분한 희생으로부터 돌아선 사람이 돌아갈 수 있는 진정한 희생은 없다.

D. 네 번째 경고(10:19~39)

어떤 의미에서는 이 본문의 구절들이 가장 요점이며, 단호한 것이라 할 수 있다. 대제사장의 역할과 예수 그리스도의 사역에 대해서도 결론적인 마무리 증언을 한다. 그러나 여기에서도 저자는 단호한 경고의 말들만이 아닌 위로와 격려도 함께 전한다.

1. 기본적 교훈(10:19~25)

10:19~22 이 구절의 핵심은 "그러므로 형제들아"(참조, 3:1, 12)와 "하나님께 나아가자"다. 이 글을 받는 독자들은 하나님 앞으로 나아갈 수 있는 담력을 얻은(파르레시안[παρρησίαν]. 참조, 3:6; 4:16; 10:35), 새 언약에 속한 백성이다. 이것은 구약의 예를 살펴볼 때 더욱 확실해진다. 지성소 안에 있던 하나님의 존전(God's presence)은 더 이상 그것에 접근할 수 없도록 일종의 장애물인 휘장으로 가려져 있었다. 저자는 여기에서 그리스도의 죽음과 휘장과의 관계를 생각하며(마 27:51) 그 휘장을 그리스도의 몸으로 상징화한다. 그분의 죽음은 신자들에게 하나님께로 나아갈 수 있는 길을 터놓았다. 그 길은 "새로운(프로스파톤 [πρόσφατον], 신약성경 중 오직 여기에만 쓰임) 살 길이요"라고 했는데,

이는 새 언약의 참신하고 활력 넘침을 뜻한다.

하나님께 나아가는 일이 가능하게 된 것은 저자가 지금까지 강조한 것처럼 '하나님의 집 다스리는 큰 제사장이 계시기' 때문이다. 그러므로 이제 나아가는 자들은 참(알레티네스[ἀληθινῆς], 진리를 뜻하는 알레테이아[ἀλήθεια]에서 파생된 말)마음과 온전한 믿음으로 나아가야 한다. 이때 그들은 더 이상 죄책감에 짓눌리지 말고, 오히려 그리스도의 희생으로 거룩해졌다는 성결 의식을 가져야 한다. "우리가 마음에 뿌림을 받아 악한 양심으로부터 벗어나고 몸은 맑은 물로 씻음을 받았으니"라는 이 구절은 요한일서 1:9을 연상하게 한다.

10:23~25 하나님께로 나아갈 때는 그분의 약속을 전적으로 신뢰하고 "우리가 믿는 도리의 소망을 움직이지 말며" 전진해야 한다. 저자가 강조하는 믿음의 충성은 결코 추상적인 것이 아닌 현존의 위험에 정면으로 대적하는 구체적인 차원의 것이다. 이제 그러한 길을 걸을 사람들이 서로 관심을 보이고 "사랑과 선행을 격려"하는 것이 시급히 요청된다. 그들은 결코 "모이기를 폐하는 어떤 사람들의 습관"을 따르지 말아야 한다(이것은 이미 몇몇 다른 교회들에서 그러한 현상이 일어났음을 암시하는 이야기일 수도 있다). 어쨌든 이제 그들은 그날이 가까움을 볼수록(참조, 37절: 신약성경의 독특한 개념인 믿음 소망 사랑이 22, 23, 24절에 나타나고 있다) 더욱더 서로를 고무, 격려해야 한다.

저자가 그리스도의 재림을 언급하면서 진정한 신자들이 현실의 어려움에 굴복해 그리스도의 다시 오심에 대한 소망을 상실하고 기독교 신앙에서 변절할까(참조, 1:13~2:4; 6:9) 무척 안타까워하고 있음이 잘 나타나 있다. "약속하신 이는 미쁘시니" 그들은 반드시 장래에 대해 확실함으로 기대해야 한다. 그들이 눈을 들기만 하면 그날이 가까워지고 있음을 볼 수 있을 것이다.

2. 강조되는 경고(10:26~31)

10:26~27 "if we sin willfully"라고 옮긴 KJV의 번역이 "If we deliberately keep on sinning"으로 옮긴 NIV의 번역보다 훌륭하다. 'keep on'이라는 어구는 헬라어 원문의 의미를 너무 과장했다. 맥락으로 볼 때(참조, 23절), 저자는 여기에서 믿음을 저버리는 위험을 범하는 사도들을 염려했다.

대부분의 죄는 고의적이지만, 여기에서 저자는 구약의 제사로도 감당할 수 없었던 무례한 죄에 대한 구약의 가르침(참조, 민 15:29~31)에 영향을 받은 듯하다. 신앙을 저버리는 배교 행위는 짐짓 범하는 행위이며, 그러한 죄를 범하는 자들을 위해서는 다시 속죄하는 제사도 없다(참조, 10:18). 만약 그리스도의 능력 넘치는 희생마저 외면당한다면, 하나님의 심판의 맹렬한 불에서 배교자들을 보호해 줄 그 어떠한 제사도 없는 것이다. "우리가 시작할 때에 확신한 것을"(3:14) 포기하는 기독교인은 하나님의 적들 편에 서는 것이며, 저자가 이미 말했듯이 사실상 "하나님의 아들을 다시 십자가에 못 박아 드러내 놓고 욕되게(6:6)" 하는 사람이다. 그러나 이미 6:8 주해에서 언급한 것처럼 '불'이 곧 '지옥'을 뜻하는 것은 아니다(참조, 10:29 주해).

10:28~29 옛 언약에서 만약 어떤 사람이 모세의 법을 어겼고 이에 대해 두세 사람이 그의 행위에 대해 증언한다면 그는 죽음에 처해졌다. 하물며 새 언약에 비해 훨씬 열등한 옛 것에 대한 도전의 처벌이 그러했

다면, 이제 감히 이 새 언약에 도전하는 자는 어떠한 처벌을 받겠는가? 답은, 그러한 경우에 처벌이 실질적으로 더 무거워지리라는 것이다.

이러한 사실을 보여 주기 위해 저자는 믿음을 저버리는 것을 가능한 가장 가혹한 것으로 여긴다. 새 언약을 배신한 이들은 하나님 아들을 짓밟고 자기를 거룩하게 한 언약의 피를 부정한 것으로 여기는(참조, "영원한 언약의 피", 13:20) 자들이다. 거룩하게 했다는 것은 곧 진실한 신자와 연관된다(참조, 10:10, 14). 간혹 이러한 견해에 반대해 그리스도가 여기에서 언급되는 '거룩해진' 주체라고 하는 이도 있고, 혹 어떤 이들은 스스로 거룩해졌다고 주장하는 것이라는 견해를 내세우기도 한다. 그러나 이러한 주장들은 저자의 의도와는 거리가 멀다. 저자의 관심은 모두 그 행위의 심각함에 쏠려 있다. 즉 실제로 신자들을 거룩하게 하는 '피의 언약'을 부정한 것(코이논[κοινόν: '보통'])으로 여기고 그 능력을 무시하는 행위는 옛 언약을 범한 그 어떤 죄악보다 훨씬 가증스러운 것이다. 이것은 곧 그에게 그리스도의 신앙을 넣어 준 성령을 욕되게 하는 행위다. 이러한 영적 반란은 명백히 모세의 율법에 도전한 죄의 대가보다 훨씬 심한 대가를 필연적으로 초래한다.

그러나 다시 한 번 강조해야 할 것은 저자가 그 처벌로 지옥을 생각하는 것은 아니라는 점이다. 인간의 삶에 가해지는 하늘의 형벌은 당장의 죽음보다 훨씬 가혹한 것이 많다. 사실상 예레미야가 그것에 대해 불평했고(애 4:6, 9) 사울이 말년에 겪었던 정신적, 정서적 파탄을 고려할 때 오히려 죽음 그 자체는 일종의 해방이라고도 볼 수 있다.

10:30~31 그 누구도 이러한 경고를 소홀히 여기지 말아야 한다. 하나님은 "원수 갚는 것이 내게 있으니 그의 백성을 심판하리라"라고 선

언하셨다. 이때 저자는 특별히 하나님의 백성이 그 죄로 인해 처벌받는 신명기 32:35~36, 특히 19~27절을 두 번 인용했다. 이러한 역사적 사실에 접한 이들은 다음의 말씀에 공감한다. "살아 계신 하나님의 손에 빠져 들어가는 것이 무서울진저."

3. 강조되는 격려(10:32~39)

지금까지 그랬듯이 저자는 그 심각한 경고를 격려로 마무리한다.

10:32~34 미래에 닥칠 시험으로부터 독자들은 이겨 나가게 하려면 그들이 과거에 행했던 용기에 찬 행위들을 상기시키는 것이 효과적이다. 그의 독자들은 고난 속에서 비방과 환난으로써 사람에게 구경거리가 되는 형편이 무엇을 의미하는지 잘 알고 있었다. 그들은 또한 그러한 자들을 도우려 했다(33절). 그들은 갇힌 자를 동정하고 소유를 빼앗기는 것도 감수했다. 그것은 그들이 더 낫고 영구한 하늘의 소유를 확신했기 때문이다(34절). 이제 그들은 과거에 가졌던 그 확고함을 새롭게 기억해야 한다. 이 새로워진 기억으로 용기를 가지고 직면한 현실 문제에 대처해 나가야 한다. 즉 빛을 받은 후에 고난의 큰 싸움을 견디어 낸 것을 생각하면 도움이 된다는 것이다(참조, 26절의 "지식을 받은", 6:4의 "빛을 받고").

10:35~36 이제 그들은 담대해야(파르레시안[παρρησία]. 참조, 3:6; 4:16; 10:19) 한다. 저자가 영원한 기업에 대해 수차례 언급했듯이 그 담대함을 견지할 때 큰 상을 얻게 된다. 그러므로 이제 독자들에게 필요한

것은 하나님의 뜻(참조, 9절)을 행한 후에 하나님이 '약속하신 것을 받기 위한' 인내다. 바로 이것이 히브리서의 중심을 이루는 핵심 격려다.

10:37~38 만약 그들이 재림의 지연으로 인해 초조해하고 의심하고 있다면, 그들은 "잠시 잠깐 후면 오실 이가 오시리니 지체하지 아니하시리라"라는 말씀으로 안식을 얻을 수 있다. 이 구절들은 70인역 성경의 이사야 26: 21과 하박국 2:3~4에서 따온 것이다. 그러나 문자 그대로 인용한 것이 아니라 비교적 자유스러운 형태로 도입했다. "나의(my 혹은 the. 사실상 몇몇의 헬라어 마소라 사본들만 'my'를 취하고 있다) 의인"이라는 개념은 믿음으로 의롭게 된다는 바울의 주장을 저자가 받아들인 것이다. 히브리서 저자도 바울과 유사한 생각을 가지고 있었다. 의롭게 된(justified) 사람은 '믿음으로 말미암아' 살아야 한다는 것이다. 만약 그가 뒤로 물러가면, 즉 기독교 신앙을 저버리는 배교를 한다면, 그의 삶에는 하나님이 주신 은총의 안식이 없을 것이다. 그러나 저자는 되도록 위협적인 표현은 피하면서 긍정적인 격려의 분위기를 깨뜨리지 않으려고 한다.

10:39 이제 그는 확신한다. "우리는 뒤로 물러가 멸망할 자가 아니요." 원문에는 편집상 필요에 의해 저자가 즐겨 사용했던 1인칭 복수 '우리'(참조, 2:5; 5:11; 8:1)가 강조의 형태로 나타나 있다. '멸망하다'고 옮겨진 아포레이아(ἀπώλεια)는 일시적 혹은 영원한 파멸을 뜻한다. 이 구절에서는 맥락상 전자의 의미가 합당할 것이다. 저자는 독자들을 배교가 필연적으로 초래할 파멸의 길보다는, "영혼을 구원함에 이르는 믿음을 가진 자의 길"로 이끌고 싶은 것이다.

NIV의 번역에서 회심을 연상하면 안 된다. 저자 특유의 구원을 나타내는 단어가 표면에 등장하지 않는 가운데 "and are saved"라고 옮겨진 표현은 에이스 페리포이에신 프쉬케스(εἰς περιποίησιν ψυχῆς)를 다소 의역해 옮긴 것이다. 그러므로 39절의 하반절을 더욱 정확하게 옮겨 본다면 "but [we are] of faith leading to the preservation of the soul"이라 할 수 있겠다(참조, 벧전 2:9~10 주해). 또한 여기의 'soul'은 원래의 히브리적 의미인 전인적인 인간 총체 혹은 그의 삶이라는 것도 전제한다. 이러한 맥락에서 신앙의 견인은 그 신앙에서 '뒤로 물러가는' 자들에게 닥칠 참화로부터 믿는 이를 지켜 준다는 추론이 가능해진다. 이러한 연유로 저자는 이 구절들(10:19~39)을 마무리하며 성도들에게 이 결단과 인내를 호소한다.

Ⅳ. 신앙의 응답(11~12장)

이 부분은 본 서신의 마지막 주요 부분으로, 하나님께 나아가는 가장 적절한 방법은 오직 믿음밖에 없다는 것을 논증하며 모든 이를 그 믿음으로 초대하는 내용을 담고 있다. 비록 믿음의 중요성이 앞서 수차례 소개되었지만, 저자는 믿음의 구체적인 가치와 중요성을 생각지 않고는 만족할 수 없었다. 종전의 예와 같이 저자는 먼저 주해(11장)에서 시작해 그 후에는 경고와 격려의 순서(12장)로 본 부분을 구성한다.

A. 신앙생활(11장)

전 장의 경고 구절을 마무리하며 저자는 다시 한 번 믿음에 의한 삶이라는 주제(참조, 10:37~39)를 다루었다. 그러나 이제는 이 주제의 구체적 의미를 실제 구약성경 인물들의 삶을 통해 독자들에게 깨닫게 하려 한다.

1. 서론(11:1~3)

11:1~3 간략한 서론이지만 저자는 믿음에 대한 3가지 기본 개념을 소개한다. 그것은 믿음의 기본 성격, 믿음과 연관되는 명예, 사물을 보는 방법으로서의 믿음이다. 본질적으로 "믿음은 바라는 것들의 실상이요(휘포스타시스[ὑπόστασις]) 보이지 않는 것들의 증거"(엘렝코스[ἔλεγχος], 증명하다, 확신하다의 의미를 가지는 동사 엘렝코[ἔλέγχω]

에서 왔다)다. 그것의 가치는 "선진들이 이로써 증거를 얻었느니라"는 점에서 명백하다. 또한 믿음은 그것으로 인해 믿는 이들이 하나님의 창조물로서 세계(투스 아이오나스[τοὺς αἰῶνας])를 보는 방법이므로 모든 경험을 파악하는 하나의 방법이기도 하다.

2. 신앙에 대한 하나님의 응답(11:4~16)

저자는 신앙으로 인정과 보응을 받는다는 2절의 내용을 중심으로 주제를 발전시키려 한다.

11:4 10:38에서 소개된 의인으로 아벨이 등장한다. 그는 가인보다 더 나은 제사를 드림으로써 하나님 앞에 인정받은 사람이었다. 반면에 가인과 같은 불신앙의 사람들은 하나님의 인정을 받지 못했다. 죽음도 그 차이를 바꾸어 놓지 못했다.

11:5~6 반면에 에녹은 믿음으로써 하나님과 동행하므로 그분을 기쁘시게 해 드리는 삶을 살아간 사람이었다(독자들 역시 이러해야만 한다). 만약 그리스도가 그들의 생전에(참조, 10:37) 오셨다면 그 독자들은 죽음을 경험하지 않을 수도 있었을 것이다. 그러나 어떠한 경우라도 그들은 "그가 계신 것과 또한 그가 자기를 찾는 자들에게 상 주시는 이심을" 믿는 지속적인 신뢰로 그분을 기쁘시게 할 수 있다.

11:7 하나님이 당신을 찾는 이들에게 분명하게 상 주시는 이심이 노아의 예로 증명된다. 노아가 받은 홍수 후의 새 세상과 같은 상속을 이제

독자들은 '장차 올 세상'(참조, 2:5)으로 받게 될 것이다. 노아가 그 집을 구원했다는 언급을 통해 저자는 그리스도인의 구원과 상속을 강조한다. 나아가 인간의 개인적 신앙은 그 가족 공동체 구성원이 그것에 함께할 때 그의 가정에서 열매 맺을 수 있음을 나타낸다.

11:8~10 아브라함의 삶을 통해 그 독자들이 '장차 올 세상'을 기대해야 한다는 것과 그들의 현재 경험을 순례의 한 과정 속에서 어떻게 다루어 나아가야 할 것인가에 대한 교훈을 제시한다. 그는 결국은 유업으로 그가 받은 그 땅에서 이방인과 같이 살았다. 이와 같이 독자들도 그것이 하늘의 영원한 예루살렘(계 21:2, 9~27)을 뜻하는 "하나님이 계획하시고 지으실 터가 있는 성"을 기대해야 한다.

11:11~12 NIV는 아브라함을 이 구절 맨 앞에 소개하고 있으나 그보다는 차선책으로 제시한 "By faith even Sarah, who was past age, was enabled to bear children because she…"의 번역이 좋다. NIV는 "to become a father"(에이스 카타볼렌 스페르마토스[εἰς καταβολὴν σπέρματος])라는 표현을 남성에 대한 것으로 연상했으나 꼭 그럴 필요는 없다.

저자는 잉태가 불가능한 육체적 한계를 극복한 최초의 믿음의 여성을 소개한다. 독자들은 '약속하신 이가 미쁘신 줄 알았던'(She considered Him faithful who had promised, NASB) 사라를 닮아야 한다(참조, 10:23). 사실상 그녀의 믿음이 거의 "죽은 자와 같은 한 사람" 이었던 아브라함을 수많은 자손의 조상으로 만들어 놓았던 것이다.

11:13~16 저자는 비록 그들이 약속을 받지 못하고 죽었을 때도 믿음으로 살 수 있었다는 점을 지적한다. 옛 성인들은 믿음으로 멀리서 약속된 것을 보았으며 본향을 사모하며 그들이 떠난 곳은 돌아보지 않았다. 독자들 역시 어떠한 형태의 것이든 그들을 유혹하는 옛 종교로 돌아가게 하는 것을 버려야 하며 "더 나은 본향 곧 하늘에 있는 것"을 사모해야 한다. 이때 하나님이 그들의 믿음의 조상들에게 하신 것처럼 '그들의 하나님이라 일컬음 받으심을 부끄러워하지 아니하실' 것이다.

3. 다양한 신앙 경험들(11:17~40)

여기서는 신앙의 삶을 새로운 각도에서 관찰, 전개한다. 다양한 경험의 복합성 속에서 신앙이 유일하게 그것을 함께 묶어 이해하도록 해 주는 요소임이 증거되고 있다. 신앙은 그리스도인의 참 '세계관'(참조, 3절)을 구성하는 절대 요소다.

11:17~19 하나님이 원래 약속하신 바와 일견 상충되어 보이는 이삭을 바치라는 시험에서 아브라함은 하나님의 부활 능력을 믿고 그 시험을 이겨 냈다. 이러한 사실을 배운 독자들도 비록 하나님의 약속이 완전히 성취될 것 같지 않은 상황에 처해 있다 할지라도 부활이 가져다줄 그 약속의 열매를 바라봐야 한다.

11:20~22 이와 같이 믿음의 열조들은 믿음으로 미래를 내다보았다. 아브라함에게 하신 약속이 자손들을 통해 이루어질 것을 신뢰하면서 이삭은 자기 두 아들 야곱과 에서의 장래를 축복했고 야곱 역시 말년에

신앙의 한 행위로 요셉의 아들들을 축복했다. 요셉도 역시 죽음을 앞두고 하나님이 장차 애굽으로부터 이스라엘을 구원하시리라는 확신을 피력했다. 이렇게 모든 믿는 이는 진정한 신앙 안에서 하나님 백성의 장래에 대한 확신을 가져야 할 것이다.

11:23 이제 저자는 모세의 삶을 예로 들면서 믿음이 필연적으로 직면하는 반대와 적대감 문제를 다루려 한다. 이것은 바로 독자들의 현 상황을 저자가 의식하고 있다는 증거이기도 하다. 믿음으로, 모세의 부모는 아름다운(아스테이온[ἀστεῖον], 신약성경에서는 여기와 모세를 수식하는 맥락에서 행 7:20에만 나타난다) 아이를 하나님이 그들에게 주신 고귀한 선물로 믿고 그분이 그 사랑스러운 아이에게 죽음보다 더 나은 것을 예비하셨음을 바라며 숨길 수 있었다. 그리하여 그들은 바로를 무서워하지 않고 모세를 살렸으며, 그들의 이러한 믿음은 엄청난 은총으로 돌아왔다.

11:24~26 매력적으로 보이는 일시적인 "죄악의 낙"과 "그리스도를 위하여 받는 수모" 사이에서 모세는 종말론적인 희망을 품고 후자를 택했다. 독자들 역시 '수모'를 감수하고 '죄악의 낙'은 물리쳐야 한다. 자기의 상을 바라보며 모세와 같은 선택을 해야 할 것이다.

11:27~28 나아가 모세는 출애굽 시에 직면했던 바로의 진노도 무서워하지 않았다. 또한 피 뿌리는 예식이 포함된 유월절을 지킴으로써 하나님의 심판을 피할 수 있었다. 이와 같이 독자들도 주위 환경을 두려워하지 말아야 한다. 그들은 이제 새 언약의 피로 가능해진 믿음의 길

에 충실해야 한다.

11:29~31 독자들은 그들의 적에 대한 승리를 기대할 수 있다(참조, 1:13~14). 그들은 신앙이 가져다준 애굽군의 파멸과 여리고 성의 몰락으로부터 그것을 확실히 배울 수 있다. 만약 독자 중에 유대 출신이 아닌 이방인이 있었다면 기생 라합의 이야기에 안도감을 느꼈을 것이다.

11:32~35상 신앙의 용장들은 이 외에도 너무 많아 저자가 언급할 수 없을 정도다. 여기서 주목할 것은 나열한 수많은 표적 가운데 그 정점에 있는 "여자들은 자기의 죽은 자들을 부활로 받아들이기도 하며"라는 표현이다. 이것은 죽음마저도 그 적수로 용납하지 않는 믿음의 승리를 극대화해 표현한 것이다(참조, 왕상 17:17~24; 왕하 4:17~37).

11:35하~38 저자의 관심이 지금까지의 흐름과는 반대로 패배로 보이는 신앙의 승리로 전환되었다. 그러나 패배는 외견상의 것일 뿐이지 본질적인 문제는 결코 아니다. '심한 고문을 받되 구차히 풀려나기를 원하지 아니한' 사람들은 그러한 고통이 결국 '더 좋은 부활'을 가져다줄 것임을 알고 있었기 때문이다. 진실로 온갖 형태의 육체적 고난(36~38절에 이르기까지 무려 12종류의 고난이 묘사되어 있음)과 고향과 집에서 쫓겨난 것 모두 믿음으로 견딜 수 있었다. 이런 믿음의 용사들을 세상은 결코 감당하지 못할 것이다.

11:39~40 결론적으로 저자는 위대한 믿음의 용사들이 아직 그들의 종말론적인 소망의 실현을 체험하지 못했음을 지적한다. 이 사실은 곧

"하나님이 (그들과) 우리를 위하여 더 좋은 것을 예비하셨은즉"이라는 구절에서 예증된다. 그들이 그렇게도 그것을 위해 노력했던 장래의 희망이 지연된 것은 참으로 '우리를 위하여 더 좋은 것'이다. 왜냐하면 그로 인해 지금 믿는 이들이 결국에는 그들을 영광으로 이끄시는 메시야의 친구가 되는 체험을 현재에도 할 수 있기 때문이다. 그 결과로 그들의 희망이 구체적으로 실현됨을 뜻하는 모든 구약적 가치의 완성(참조, 10:14; 12:23)이 믿는 모든 이의 것이 되어 기다리고 있다.

B. 마지막 경고(12장)

저자는 믿음의 삶을 계속적으로 영위하기 위해 필요한 인내와 그에 대한 최종적인 교훈과 경고를 이야기한다.

1. 개론적 교훈(12:1~2)

12:1~2 믿음의 삶의 유익에 대해서는 이미 구약시대부터 내려오는 '구름같이 둘러싼 허다한 증인들'이 있다. 그러나 그들이 오늘날의 믿는 이들을 지켜보고 있다는 것은 아니다. 그러므로 그리스도인들은 오직 인내(휘포모네스[ὑπομονῆς]. 참조, 10:32, 36; 12:2~3, 7)로써 얽매이기 쉬운 죄를 벗어 버리고 그들의 삶 속에서 최선을 다해 나아가면 된다. 이러한 삶을 이상적으로 완벽하게 실현하신 분이 예수 그리스도시다. 그분은 진실로 '믿음의 주요 온전하게 하시는 이'시다. '주'라고 옮

겨진 아르케곤(ἀρχηγόν)은 2:10에서도 나타났으며, 그것은 그리스도가 모든 그리스도인이 따라야 할 신앙의 길을 일군 '개척자'라는 개념을 내포한다. 그분은 1:9에서 이미 암시된 영원한 보좌에서 맛볼 "그 앞에 있는 기쁨"을 위해 모든 것을 참고 결국 승리하셨다. 그분은 십자가와 그분을 경멸하는 모든 수치를 참으심(휘페메이넨[ὑπεμεινεν], 12:1에 나타나는 휘포모네[ὑπομονή]의 동사형. 참조, 3, 7절)으로, 그것이 그분뿐만 아니라 그를 따르는 모든 신자의 최종적인 승리를 뜻하는(참조. 1:13~14) 하나님 보좌 우편(참조, 1:3; 8:1; 10:12)에 앉으신 것이다.

2. 그들의 생각만큼 사태가 절망적이지 않음을 상기시킴 (12:3~11)

저자는 그의 독자들이 그들에게 부딪쳐 오는 시험을 과대평가하기를 원치 않는다.

12:3~4 이제 다시 한 번 구체적으로 예수님이 고난을 '참으신 것'(휘포메메네코타[ὑπομεμεκότα]. 참조, 1~2, 7절)을 상기하면 그들이 처한 상황에도 다소 위로가 될 것이라고 저자는 생각한다. 사실 그들의 고난은 예수님이 당하셨던 것처럼 피 흘리는 정도까지 이른 것은 아니었다. 여기의 '죄'란 아마도 신자들을 방해하는 죄인들의 그것을 우선적으로 의미한다고 볼 수도 있지만, 꾸준한 신앙을 방해하는 신자들의 내면의 죄를 뜻하고 있음도 부인할 수 없다.

12:5~8 사랑하는 자에게 채찍을 드시는 잠언 3:11~12에 증언된 하

나님의 훈련 방법을 잊지 말 것을 저자는 다시 한 번 독자들에게 권면한다. 이로써 그들은 현실의 고통과 어려움을 많은 이를 이끌어 영광에 들어가게 하려는(참조, 2:10) 훈련(1:9; 3:1, 14; 6:4에서 쓰였던 메토코이[μέτοχοι]가 마지막으로 등장한다. '친구', '나누는 자'[sharers], '동류'의 뜻도 있으나 문자적으로 '나누는 자가 되는 훈련'이라는 의미다)의 한 과정으로 생각해 극복해 나갈 수 있는 용기를 가지게 될 것이다. 따라서 그들은 낙심하지 말며 참아야 한다(참조, 1~3절). 오히려 그 고난들을 그들이 하나님의 자녀라는 증거로 삼을 수 있다.

이러한 훈련을 받지 않은 사람은 '사생자'라 칭한다. 이것은 기독교 신앙에 불충실해 결국은 어떠한 기업도 상속받지 못하는 이들을 지칭하는 말이다(당시의 로마법에 따르면 사생자는 어떠한 유산도 상속할 권리가 없었다). 그러나 대조적으로 하나님의 교육 과정(파이데이아[παιδεία: '훈련', 문자적으로 '어린이 교육']. 참조, 엡 6:4)을 거친 이들에게는 엄청난 축복이 따를 것이라는 약속이 함께 강조되어 있다.

12:9~11 육신의 아버지와 자녀 간의 관계 비유(analogy)를 통해 저자는 영의 아버지의 훈련에 복종하는 정신을 더욱 강조한다. 복종하는 자손들은 이 훈련을 통해 풍성한 의와 평강의 열매가 포함된 그분의 거룩하심에 참여하는 경험으로 인도받을 것이다. 그러므로 그리스도인들은 기꺼이 이 훈련을 감당해야 한다.

3. 새로운 영적 활력으로의 부름(12:12~17)

12:12~13 저자는 자기 독자들이 영적으로 연약해져 있는 것을 안타

까워하며 그가 확신하는 진리로 그들이 새롭게 힘을 낼 것을 고무, 격려한다. 그들이 진정한 정의가 수반된 "곧은 길"을 추구한다면, 그들의 연약함("저는 다리")은 "어그러지지 않고 고침을 받게" 될 것이다.

12:14 "모든 사람과 더불어 화평함"과 함께 개인적인 '거룩함'이 추구되어야 한다. 이 거룩함(하기아스모스[ἁγιασμός]) 없이는 아무도 주를 보지 못할 것이기 때문이다. 죄는 인간과 하나님과의 관계를 가로막기 때문에 주를 바라보려면 죄가 없어야 한다(참조, 요일 3:2). 그렇기 때문에 모든 그리스도인은 항상 '거룩함'을 추구해야만 한다. 어쩌면 저자는 지금, 한 인간이 하나님을 느끼고 의식하는 정도가 그의 거룩함의 정도에 달려 있다고 생각하고 있는지도 모른다(참조, 마 5:8)

12:15~17 한때 믿음을 가졌던 이들이 타락해 버린 역사적 사실들을 상기하면서 저자는 그들이 하나님의 은혜에 이르지 못하여 하나님께 범한 불충성이 다른 이들에게까지 영향을 미치는 것을 '쓴 뿌리'로 비유해 경고한다. 이때 그는 옛 언약을 어겼던 자들을 '독초'로 묘사한 신명기 29:18을 심중에 두고 있었다. 그러한 이들은 "에서와 같이 망령된(베베로스[βέβηλος]) 자"가 되고 만다. 그는 팥죽 한 그릇이라는 일시적 필요 때문에 장자의 명분을 팔아 버렸다. 결론적으로 저자는 일시적인 압력에 의해 영원한 기업의 상속을 잃어버리는 일이 없도록 호소한다.

4. 마지막 경고(12:18~29)

12:18~21 저자는 옛 언약이 주어졌던 시내 산의 괴이하고 무서운 상

황을 생생히 묘사하고 있다(참조, 출 19:9~23; 신 9:8~19).

12:22~24 새 언약으로 독자들이 이른 곳은 하늘의 천사들과 많은 영들이 있는 하늘의 도시다. "장자들의 모임"이라는 것은 아마도 기업의 상속을 이미 얻은(구약의 율법에 따르면 '장자'가 우선 상속자다) 사람들을 집합적으로 묘사한 것이라 추정된다. 그들은 이미 천사들이 있는 하늘의 영역에 들어갔다. "만민의 심판자이신 하나님"의 품에 안긴다는 표현이 더욱 적절할 것이다(참조, 10:14; 11:40). 특별히 중보자이신 그리스도의 피(참조, 8:6; 9:15)는 아벨의 피와 같이 심판만을 요구하는 것이 아니라 새 언약의 모든 백성을 받아들이는 것을 보장한다는 뜻에서 그 의미하는 바가 크다. 이에 힘입은 독자들은 새 언약이 제공하는 특권을 향한 노력에 박차를 가할 수 있게 될 것이다.

12:25 이제 저자는 두 언약의 차이점을 "땅에서"와 "하늘로부터"라는 관점에서 확연하게 구별시키려 한다. 옛 언약을 지키지 못했던 이들도 피하지 못했거늘 하물며 새 언약을 배반했을 때의 결과는 어떠하겠는가?(참조, 2:3) 독자들은 지금 여기서 "지극히 크신 이의 우편"에 앉으신 새 언약의 창시자 예수님의 대변인으로서의 저자 모습을 여실히 엿볼 수 있다(1:3).

12:26~27 땅을 진동하는 소리가 있었는데, 결국 "땅만 아니라 하늘도 진동"할 것이다. 저자는 학개서 2:6을 천년왕국 후에 있을 하늘과 땅의 궁극적인 재창조의 맥락에서 이해하며 인용한다(참조, 1:10~12). 이러한 격변의 사건 이후에는 오로지 영원한 것만 남게 된다.

12:28~29 이것이 우리가 받을 나라의 특징적 성격이다. "은혜를 받자"(에코멘 카린[ἔχωμεν χάριν])라고 했을 때 독자들은 이 은혜가 새 언약 공동체 안에서 "하나님을 기쁘시게" 섬기기(라트류오멘 [λατρεύωμεν], 8:5; 9:9; 10:2; 13:10) 위한 것임을 기억해야 한다. 동시에 이것을 망각하는 이들은 심판하시는 하나님을 의미하는 "하나님은 소멸하는 불이심이라"(참조, 10:26~27)라는 사실을 기억해야 한다.

Ⅴ. 후기(13장)

이 후기는 그 내용에 상당히 구체적인 교훈들을 제시한다는 점에서 이전의 부분들과 구별된다. 그 내용은 여러 각도에서 '하나님을 기쁘시게 섬기는'(참조, 12:28) 길을 제시하고 있다. 또한 이 후기에는 저자가 독자들에게 보내는 개인적인 안부와 마지막 인사가 포함되어 있다.

13:1∼6 후기의 첫 부분에서는 독자들을 위한 도덕 지침을 제시한다. 먼저 형제(1절)와 손님(2절)을 사랑하고 대접하며 갇힌 자들(3절)과 함께하기를 권면한 후, 결혼을 비중 있게 다루며 성적인 순결함을 강조했다(4절). 또한 돈에 대한 욕심을 피하고 "있는 바를 족한 줄로 알라"(5절. 참조, 눅 12:15; 빌 4:11; 딤전 6:6∼10)라고 권면했다. 비록 물질은 적게 가졌다 하더라도 그보다 더 귀한 주(5절)와 그분의 도우심(6절)이 함께하기 때문이다.

13:7∼8 도덕적 가르침에 이어 종교적인 교훈이 나타난다. "너희를 인도하던 자들을 생각"하라는 것은 그들의 신앙을 본받게 하려는 뜻이다. 그들의 삶의 방식은 좋은 결과로 나타났을 것이고 독자들은 그들의 믿음을 본받으려고 했을 것이다.

비록 그들은 이제 모두 이 세상에서 떠나갔으나 그들이 증거한 예수 그리스도는 아직도 "동일"하게 남아 있다.

13:9 왜 예수 그리스도에 대한 불변의 선포에 도전하는 새로운 교리들을 물리쳐야 하는가에 대한 답이 이제 등장한다. "여러 가지 다른 교훈"

은 광야 시대 유대주의를 의미하는 것 같지는 않다. 아마 지금 독자들은 매우 특이한 변형된 분파 종교에 도전받고 있는 듯하다(참조, 서론 중에서 '배경').

13:10~14 저자는 광야 경험과 장막을 이상화하려는 '이상한 가르침'에 대해 쐐기를 박는다. 즉 그리스도인은 그분으로부터 영적인 생존을 보장받는 특별한 제단(아마도 그리스도의 희생을 뜻하는 것이라 추정된다)을 소유한다. 그러나 장막에서 섬기는 자들은 참여할 수 없다. 옛 언약 아래에서는 "죄를 위한 짐승의 피는 대제사장이 가지고 성소에 들어가고 그 육체는 (광야 시절에는 부정한 곳으로 간주되었던) 영문 밖에서 불사름"이 되었다(11절). 이와 대조적으로 "예수도 성문 밖에서 고난을" 받으셨으나 그분의 희생은 "백성을 거룩하게" 하려는 것이었다. 만약 독자들이 어떤 특정 장소를 신성시하는 분파주의자들의 가르침에 직면했다면, "여기에는 영구한 도성이 없으므로 장차 올 것을 찾나니"라는 말씀이 그들에게 큰 힘이 되었을 것이다(참조, 11:10, 16; 12:22).

13:15~16 예수님의 죽으심 아래에는 어떠한 희생 제사도 의미가 없다. 다만 "항상 찬송"과 "오직 선을 행함과 서로 나누어 주기"를 잊지 않는 것이 하나님이 바라시는 제사다(참조, 10:25).

13:17 이미 세상을 떠난 "인도하던 자"들을 기억해야 하는 것처럼 (7~8절), 현재 인도하는 자들을 따라야 한다. 그들이 하나님 앞에서 갖는 책임을 인정해야 하며, 또한 불순종으로 지도자의 목회 사역의 초점

을 흔드는 일이 없어야 한다. 그래서 그들의 일이 가능한 한 즐거움이 되어야 할 것이고, "너희를 인도하는 자들에게 … 너희 영혼을 위하여 경성하기를 … 즐거움으로" 하게 될 수 있을 것이다.

13:18~19 지금까지의 경고 구절과 마찬가지로 저자는 영적인 겸손을 나타내는 일인칭 복수 '우리'를 사용하며 유혹에 흔들리는 자들을 위해 기도할 것을 특별히 그가 속히 돌아가기를 원하는 그 독자들에게 요청하고 있다.

13:20~21 본 서신의 수많은 주요 주제들(예: 평강, 피, 언약, 부활, 목자, 온전함)을 망라하는 축원을 통해 하나님의 뜻이 예수 그리스도로 말미암아 이루어지는(온전하다는 것은 카타르티사이[καταρτίσαι: 쓸 수 있도록 준비시킨다]. 참조, 엡 4:12) 새 언약과, 새 언약을 믿는 이들의 '큰 목자이신 우리 주 예수'에 대한 신뢰를 표현하고 있다. 이것은 곧 자기 독자들을 위한 저자의 간절한 기도이기도 하다.

13:22~25 끝으로 저자는 다시 한 번 간곡히 권면하며 디모데와 함께 그들에게 문안할 것을 희망한다. 마지막 인사를 한 후에도 하나님의 은혜로 그들을 인도하려는 그의 소망은 간절히 이어지고 있다.

참고 문헌

- Bruce, F. F. *The Epistle to the Hebrews: The English Text with Introduction, Exposition and Notes*. Grand Rapids: Wm. B. Eerdmans Publishing Co., 1964.
- Griffith Thomas, W. H. *Hebrews: A Devotional Commentary*. Grand Rapids: Wm. B. Eerdmans Publishing Co., n. d.
- Hering, Jean. *The Epistle to the hebrews*: Translated by A. W. Heathcote and P. J. Allcock. London: Epworth Press, 1970.
- Hewitt, Thomas. *The Epistle to the Hebrews: An Introduction and Commentary*. The Tyndale New Testament Commentaries. Grand Rapids: Wm. B. Eerdmans Publishing Co., 1961.
- Hughes, Philip Edgcumbe. *A Commentary on the Epistle to the Hebrews*. Grand Rapids: Wm. B. Eerdmans Publishing Co., 1977.
- Kent, Homer A. Jr. *The Epistle to the Hebrews: A Commentary*. Grand Rapids: Baker Book House, 1972.
- Montefiore, Hugh. *A Commentary on the Epistle to the Hebrews*. London: Adam & Charles Black, 1964.
- Newell, William R. *Hebrews Verse by Verse*. Chicago: Moody Press, 1947.
- Pfeiffer, Charles F. *The Epistle to the Hebrews*. Everyman's Bible Commentary. Chicago: Moody Press, 1968.
- Westcott, Brooke Foss. *The Epistle to the Hebrews: The Greek Text with Notes and Essays*. London: Macmillan & Co., 1892. Reprint. Grand Rapids: Wm. B. Eerdmans Publishing Co., 1974.
- Wiersbe, Warren W. *Be Confident*. Wheaton, III.: Scripture Press Publications, Victor Books, 1982.

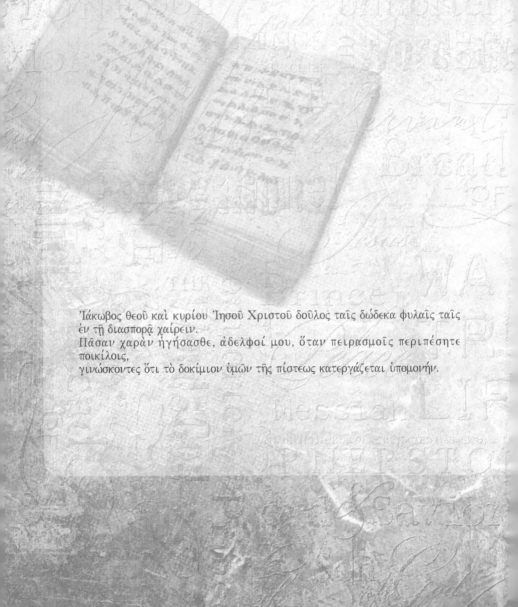

Ἰάκωβος θεοῦ καὶ κυρίου Ἰησοῦ Χριστοῦ δοῦλος ταῖς δώδεκα φυλαῖς ταῖς
ἐν τῇ διασπορᾷ χαίρειν.
Πᾶσαν χαρὰν ἡγήσασθε, ἀδελφοί μου, ὅταν πειρασμοῖς περιπέσητε
ποικίλοις,
γινώσκοντες ὅτι τὸ δοκίμιον ὑμῶν τῆς πίστεως κατεργάζεται ὑπομονήν.

The Bible Knowledge
Commentary 28

James
서론

The Bible Knowledge
Commentary

서론

성경 전체를 놓고 볼 때 그 길이는 짧으나 야고보서만큼 많은 문제를 불러일으킨 책도 별로 없다. 야고보서의 저작권, 저작 연대, 수신자, 정경성 및 통일성 등과 관련해서 많은 논쟁이 야기되어 왔기 때문이다.

마틴 루터가 야고보서와 관련해서 많은 문제에 직면해 있었다는 것은 잘 알려진 사실이다. 그래서 그는 야고보서를 "진짜 지푸라기 서신"이라 불렀다. 그러나 야고보서는 그렇게 호락호락 넘어갈 지푸라기 서신이 아니다. 이 건초 더미 속에는 세상을 살아가며 무뎌지고 좌절하고 퇴보한 모든 그리스도인의 양심을 찔러 주기에 충분한 바늘이 내재되어 있다. 여기에 훈계하고 격려하며, 도전하고 죄를 깨우쳐 주며, 꾸짖고 회생시키며, 실천적인 거룩함을 묘사하고, 신자들을 생명력 있는 신앙의 목표로 향해 몰아가도록 설계된 '진짜 사람을 움직이는 서신'이 있는 것이다. 야고보서는 이처럼 가혹할 정도로 철저한 윤리적 측면과 연약한 영혼을 소생시키는 힘을 가진 실용적인 측면을 모두 갖고 있다.

베드로전후서, 요한일이삼서 및 유다서와 함께 공동 서신으로 알려진 야고보서는 어떤 개별 교회나 개인에게 보낸 것이 아니라 좀 더 넓은 영역의 신자들에게 보낸 회람 서신이다. 이 공동 서신들의 가르

침은 바울의 교리를 보완해 준다. 바울은 믿음을 강조한 데 반해, 야고보는 행위를, 베드로는 소망을, 요한은 사랑을, 그리고 유다는 성결을 강조했다.

저자

본 서신을 기록한 사람이 누군지는 쉽게 판명될 수 없다. 신약성경은 적어도 네 명의 야고보를 언급하고 있다. (1) 세베대의 아들이자 요한의 형제 야고보(막 1:19), (2) 알패오의 아들 야고보(막 3:18), (3) 유다(가룟 유다가 아님)의 아버지 야고보(눅 6:16), (4) 주의 형제 야고보(갈 1:19). 그렇다면 어느 야고보가 본 서신을 기록했는가?

세베대의 아들 야고보는 본 서신의 저자가 될 수 없다. 그는 본 서신이 쓰이기 전에 헤롯 아그립바 1세에게 순교당했기 때문이다(행 12:2).

또한 별로 알려지지 않은 알패오의 아들 야고보가 본 서신의 저자로 보이지는 않는다. 물론 몇몇 신학자들, 특히 로마 가톨릭 신학자들은 알패오의 아들 야고보를 주의 형제와 동일시하는 경향이 있다. 그들은 야고보가 글로바(이 경우 글로바와 알패오는 동일시된다)의 아내 마리아에게서 태어났는데 글로바의 아내 마리아와 동정녀 마리아는 자매이기 때문에 이 야고보가 예수님의 진짜 사촌 형제였다고 주장하는 것이다. 하지만 이러한 주장은 '형제'라는 단어의 문자적 해석에 위배되며, 따라서 마리아가 평생을 동정녀로 지냈다는 자신들의 교리를 지지하기 위해 고안해 낸 억지임이 분명하다. 성경에는 주 예수 그리스도의 동정녀 탄생 이후 요셉과 마리아 사이에서 태어난 자녀들이 분명하게 나타나 있다. 예수님은 누가복음 2:7에서 마리아의 '첫아들'로 불리시는데, 이는 그 후 마리아에게서 다른 자녀들이 태어났음을 시사한다. 또한 성경은 요셉이 예수님의 출생 '때까지'(ἕως) 마리아와 동침하지 않았다고 언급하고 있다(마 1:25). 예수님의 형제들과 자매들에 대한 언급은 여러 차례에 걸쳐 나타나고 있으며, 특히 마태복음 13:55에서는 그분의 네 형제들 야고보, 요셉, 시몬, 유다의 이름이 열거되어 있다.

유다(가룟 유다가 아님)의 아버지 야고보는 초대교회에서 중요한 인물로 나타나지 않는다. 따라서 그는 본 서신의 저자로 간주하기가 힘들다.

이렇게 볼 때 본 서신의 저자는 예루살렘교회의 지도자가 된, 예수님의 형제 야고보임이 분명하다. 이러한 결론은 본 서신의 위엄 있는 어조에 의해, 그리고 사도행전 15장에 기록된 야고보의 설교에 나타난 헬라어 문체와 본 서신의 헬라어 문체 사이의 유사성에 의해 지지를 얻는다.

야고보는 예수님과 같은 집에서 자라났지만, 그는 그리스도의 부활 전까지는 신자가 되지 않았던 것이 분명하다. 요한은 다음과 같이 기록하고 있다. "이는 그 형제들까지도 예수를 믿지 아니함이러라"(요 7:5).

야고보는 부활하신 예수님을 만남으로써 구원에 이르는 믿음을 갖게 된 것으로 보인다. 그리스도는 "야고보에게 보이셨으며 그 후에 모든 사도에게와 맨 나중에 만삭되지 못하여 난 자 같은 내(바울)게도 보이셨느니라"(고전 15:7~8). 후에 바울은 야고보와 게바(베드로)와 요한을 교회의 기둥같이 여긴다고 언급했다(갈 2:9).

지금까지 살펴본 바와 같이 예수님의 형제 야고보가 야고보서의 저자로 가장 강력한 지지를 얻고 있다. 더욱이 오리겐, 유세비우스, 예루살렘의 시릴, 아다나시우스, 어거스틴 및 그 밖의 많은 초대교회 저술가들이 이 견해를 지지하고 있다.

저작 연대

본 서신의 저작 연대는 앞에서 다룬 저자 문제와 연관되어 있다. 어떤 신학자들은 본 서신의 뛰어난 헬라어 문체를 이유로 들어 야고보가 본 서신을 기록했다는 사실을 부정하려 한다. 그들은 본 서신의 저작 연대를 AD 80~150년경으로 잡는다. 그러나 이러한 주장은 정당화되기 힘들다. 야고보는 재능이 뛰어나고 아람어와 헬라어에 모두 능한 갈릴리인이었음이 분명하다.

1세기의 역사가 플라비우스 요세푸스는 야고보가 AD 62년에 순교당했다고 기록했는데, 이것으로 미루어 볼 때 본 서신은 그 이전에 쓰인 것이 분명하다. 한편 야고보가 굉장히 적극적인 역할을 담당했던 예루살렘교회회의에 대한 언급이 본 서신에 전혀 나타나지 않았다는 점으로 미루어 본다면, 본 서신은 AD 45~48년경에 쓰인 것 같다.

야고보서는 아마도 신약성경 중 제일 먼저 쓰인 책으로 보인다. 따라서 본 서신을 그 이후에 쓰인 바울의 로마서에 대한 논쟁적 서신으로 간주하기는 어렵다. 하지만 로마서를 야고보서에 대한 반박 서신으로 간주하기도 어렵다. 바울과 야고보의 관계(행 15:13; 21:18) 및 야고보에 대한 바울의 태도(갈 1:19; 2:9, 12)로 미루어 볼 때, 바울이 야고보를 대단히 존경한 것이 분명하기 때문이다. 바울과 야고보는 믿음의 양면을 온전하게 드러내 보여 주었다. 바울은 하나님의 관점에서 바라본 믿음의 내적 측면에 대해 언급하고 있는 데 반해, 야고보는 인간의 관점에서 바라본 믿음의 외적 측면에 대해 언급하고 있는 것이다. 구원에 이르게 하는 믿음의 진정한 씨앗은 봉사하는 믿음의 실체적인 열매에 의해 실증된다. 즉, 야고보는 성경적 믿음이란 행함이 뒤따라야 한다는 점을 강조하고 있는 것이다.

수신자

명백히 "흩어져 있는 열두 지파에게"(1:1) 보내진 본 서신은 유대적인 풍취를 두드러지게 지니고 있다. 본 서신은 예언서의 본질과 권위 그리고 시편의 운율과 운치를 지니고 있다. 야고보는 '첫 열매'(1:18. 참조, 레 23:10), '회당'(2:2), '우리 조상 아브라함'(2:21), 게헨나, 즉 '지옥'(3:6), '만군의 주'(5:4. 참조, 창 17:1) 및 '이른 비와 늦은 비'(5:7. 참조, 신 11:14) 등과 같은 표현을 사용했다. 물론 어떤 신학자들은 '열두 지파'를 로마 제국 전역에 걸쳐 흩어져 있던 이방인 교회를 비유적으로 지칭하는 표현으로 이해할 수 있다고 제안하지만, '열두 지파'는 그 통상적인 의미로 받아들이는 것이 훨씬 더 논리적인 것으로 보인다. 본 서신은 유대인 독자들을 대상으로 쓰인 것이 분명하다. 물론 본 서신에는 세심한 헬라식 말투가 나타나지만, 그럼에도 불구하고 히브리적인 상징 표현도 굉장히 많이 포함되어 있다.

아마도 베드로는 서방에 흩어져 있던 유대 그리스도인들에게 편지를 써 보냈고(참조, 벧전 1:1), 야고보는 동방, 특히 바빌론과 메소포타미아에 흩어져 있던 유대 그리스도인들에게 써 보낸 것으로 보인다.

정경성

신성한 책들의 몇몇 초기 번역본이나 수집본들에 야고보서가 빠져 있다는 점은 매우 흥미로운 일이다. 가장 초기의 수집본으로 알려져 있는 2세기경의 무라토리 단편집에는 히브리서, 야고보서, 베드로전후서가 포함되어 있지 않다. 야고보서가 빠짐없이 정경에 포함되기 시작한 것은 4, 5세기 이후의 일이다. 로마교회와 카르타고교회가 야고보서의 정경성에 대해 의혹을 품었던 데 반해, 예루살렘교회와 알렉산드리아교회는 이미 초기부터 본 서신을 사용했으며, 소아시아에서도 본 서신을 성경 수집본들에 이미 포함시키고 있었다. 이러한 현상들에 대한 이유는 오히려 명백하다. 본 서신이 예루살렘에서 쓰여서 동방에 흩어져 있던 유대인들에게 보내졌기 때문에, 서방교회들은 본 서신을 선뜻 성경으로 받아들이기가 어려웠을 것이다. 하지만 하나님은 성경의 기록을 관할하실 뿐 아니라 그 성경의 정경으로서의 승인과 권위까지도 관리하시는 것이 분명하다.

양식

야고보서는 편지인 동시에 강의의 성격도 띠고 있다. 물론 본 서신은 통상적인 서신 인사말로 시작되고 있지만, 편지에서 일반적으로 나타나는 개인적인 문안뿐 아니라 마지막 축복 기도도 나타나 있지 않다.

소위 '서신'이라 불리는 이 야고보서는 공식 석상에서 이를 수신한 교회의 회중에게 설교로 읽어 주기 위해 마련한 것이 분명하다. 어조는 굉장한 권위를 내포하고 있지만 귀족적이지는 않다. 야고보서는 108절로 이루어졌는데, 그 가운데 명령형이 54차례 포함되어 있다. 즉, 평균적으로 매 두절마다 한 번씩은 행위에 대한 명령이 나타나는 셈이다.

야고보서의 문체는 역동적이고 생동적이며, 잘 선정된 산뜻한 단어들로 심오한 개념들을 전달한다. 문장은 대체로 짧고 간결하며 직선적이다. 야고보는 시적 상상력을 동원해 은유법과 직유법을 많이 사용했다. 사실상 야고보서는 자연으로부터 이끌어 낸 비유적 표현이나 유추및 상징들을 바울 서신 전체에 포함된 것보다 더 많이 지니고 있다(도표참조). 권면, 수사학적 질문 및 일상생활에서 이끌어 낸 실례 등은 이작은 책에 감칠맛을 더해 준다.

야고보서에 나타난 자연에 관련된 언급들	
1:6	바람에 밀려 요동하는
1:6	바다 물결
1:10	풀의 꽃
1:11	해가 돋고 뜨거운 바람이 불어
1:11	풀을 말리면 꽃이 떨어져
1:17	위로부터 (온) 빛들
1:17	회전하는 그림자
1:18	첫 열매
3:3	말들의 입에 재갈 물리는
3:4	배를 보라 … 운행하나니
3:5	얼마나 작은 불이 얼마나 많은 나무를 태우는가

3:6	불
3:7	여러 종류의 짐승과 새와 벌레와 바다의 생물
3:8	죽이는 독
3:11	단 물과 쓴 물
3:12	어찌 무화과나무가 감람 열매를, 포도나무가 무화과를 맺겠느냐
3:18	화평으로 심어 의의 열매를 거두느니라
4:14	너희는 … 안개니라
5:2	너희 옷은 좀먹었으며
5:3	너희 금과 은은 녹이 슬었으니
5:4	너희 밭에서 추수한 품꾼
5:4	추수한 자의 우는 소리
5:5	살륙의 날에 너희 마음을 살찌게 하였도다
5:7	농부가 … 열매를 바라고 길이 참아
5:7	이른 비와 늦은 비를 기다리나니
5:14	기름을 바르며
5:17	그가 비가 오지 않기를 간절히 기도한즉
5:17	땅에 비가 오지 아니하고
5:18	하늘이 비를 주고
5:18	땅이 열매를 맺었느니라

야고보가 사용하는 한 가지 놀라운 문학적 기교는 주도적인 단어 하나 또는 그 동족어를 반복함으로써 절과 문장을 함께 연결해 나가는 수법이다. 1장을 예로 들면 다음과 같다. "인내"(3절)와 "인내"(4절); "조금도 부족함이 없게"(4절)와 "너희 중에 누구든지 … 부족

하거든"(5절); "구하라"(5절)와 "구하고"(6절); "조금도 의심하지 말라"(6절)와 "의심하는 자는"(6절). (다른 예들에 대해서는 W. Graham Scroggie, *Know Your Bible*, 2 vols London: Pickering & Inglis, n. d., 2:293을 보라.)

그의 독창적이고 혁신적인 문체 이외에도, 야고보는 성경의 다른 구절을 유별나게 많이 인용하거나 언급했다. 그는 아브라함, 라합, 욥, 엘리야 등과 같은 구약의 인물들에 대해 언급하고 있을 뿐 아니라, 율법과 십계명, 그리고 21권에 달하는 구약 책에 나타나는 구절까지도 언급하고 있다. 그 21권의 책은 다음과 같다. 창세기부터 신명기까지, 여호수아, 열왕기상, 시편, 잠언, 전도서, 이사야, 예레미야, 에스겔, 다니엘, 12권의 소선지서들 중 7권.

야고보의 가르침은 세례 요한의 가르침과 매우 흡사하다(예를 들어 약 1:22, 27과 마 3:8; 약 2:15~16과 눅 3:11; 약 2:19~20과 마 3:9; 약 5:1~6과 마 3:10~12 등을 비교해 보라). 아마도 야고보는 베드로, 요한, 안드레처럼 세례 요한의 설교를 들었을 것이다. 야고보의 편지와 마태복음 5~7장에 나타나는 산상보훈 사이에는 놀랄 만한 대응 구절이 발견된다(다음 도표를 보라). 야고보는 예수님의 말씀을 그대로 인용하지는 않는다. 그러나 그는 예수님의 가르침을 주관적으로 소화시킨 후 거기에 영적 깊이를 가미해서 그 내용을 재생시켰던 것이 분명하다.

예수님의 산상보훈에 관한 야고보의 언급들	
야고보서	마태복음의 산상보훈
1:2	5:10~12
1:4	5:48

1:5; 5:15	7:7~12
1:9	5:3
1:20	5:22
2:13	5:7; 6:14~15
2:14~16	7:21~23
3:17~18	5:9
4:4	6:24
4:10	5:3~5
4:11	7:1~2
5:2	6:19
5:10	5:12
5:12	5:33~37

야고보서의 표현상의 비약이나 수사학적 간결성 등은 본 서신을 문학적인 측면에서도 걸작으로 끌어올린다. 야고보서는 생생하면서도 열정적인 서신이다. 본 서신은 헬라어의 운율적인 아름다움과 히브리어의 준엄한 강렬함을 잘 조화시켜 나간다. 본 서신은 표현이 아름다우면서도 효과에 있어서는 폭탄적인 위력을 가지고 있다.

통일성

많은 신학자들이 야고보서에 통일성이 결여되어 있다고 불만을 토로해 왔다. 몇몇 신학자들은 야고보서가 잠언에서 나타나는 것처럼 히브리 지혜 문학 형태의 산만한 형식만을 갖추고 있다고 주장했다 (C. Leslie Mitton, *The Epistle of James*, p.235). 다른 한 주석가는 야고보가 기록한 것이 '심사숙고한 논증이라기보다는 교훈적인 격언들을 반복되는 주제에 따라 모아 놓은 일련의 격언집'이라고 주장했다(Frank E. Gaebelein, *The Practical Epistle of James*, p. 14). '사고의 연속성이 결여되어 있는 책'(Martin Dibelius, *A Commentary on the Epistle of James*, Philadelphia: Fortress Press, 1976, p. 1), '느슨하게 연결된 일련의 단락들'(Clayton K. Harrop, *The Letter of James*, p. 14), '전적으로 형식과 체계가 없는 책'(E. H. Plumptre, *The General Epistle of St. James*, p. 43) 등과 같은 표현은 주석가들의 좌절감을 잘 보여 준다.

하지만 우리가 여기서 마음의 혼돈을 일으킬 필요는 없다. 야고보서는 뚜렷한 통일성과 분명한 목표를 나타내 주기 때문이다. 이 능력 있는 서신의 목적은 초대교회 신자들로 하여금 성숙하고 거룩한 그리스도인의 삶을 살아가도록 촉구하는 데 있다. 본 서신은 기독교 신앙의 원칙적인 문제보다는 그 실천적인 문제들을 더 많이 다루고 있다. 야고보는 그의 독자들에게 확고한 신념과, 자비로운 봉사, 주의 깊은 언사, 겸손한 복종 및 관심 어린 나눔의 교제 등을 통해 어떻게 영적 성숙을 이루어 나갈지에 대해 언급하고 있다. 그는 그리스도인의 생활의 각 분야를 다루고 있다. 즉 그리스도인이란 무엇인가, 그리스도인은 무엇을 해야 하는가, 그리스도인은 무슨 말을 해야 하는가, 그리스도인은 무엇을 느껴야 하는가, 그리고 그리스도인은 무엇을 소유해야 하는가 등에 대해 이야기하고 있다.

야고보는 그리스도인의 실천적인 거룩함에 대한 다소 엄격한 가르침과 더불어, 그리스도인의 신앙과 사랑이 여러 실제 상황 가운데서 어떻게 표현되어야 하는지도 가르쳐 주고 있다. 겉으로 보기에는 그다지 서로 연관이 없어 보이는 본 서신의 여러 부분들도 이 통일된 주제의 관점에서 바라보면 잘 조화될 수 있다. 값진 진주는 상자 속에서 이리저리 굴러다니도록 내버려져 있지 않으며, 무한히 아름다운 목걸이를 이루기 위해 면밀히 실에 꿰어져 있는 것이다.

The Bible Knowledge
Commentary

개요

Ⅰ. 확고한 신념 위에 서라(1장)

A. 문안과 인사(1:1)

B. 여러 가지 시험(시련) 중에 기뻐하라(1:2~12)

    1. 시험받을 때의 자세(1:2)

    2. 시험의 유익(1:3~4)

    3. 시험받을 때 도움이 되는 것들(1:5~12)

C. 죽음에 이르게 하는 시험(유혹)을 이기라(1:13~18)

    1. 시험의 근원(1:13~14)

    2. 시험의 단계(1:15~16)

    3. 시험에 대한 해결책(1:17~18)

D. 하나님의 진리에 거하라(1:19~27)

    1. 말씀에 대한 수용성(1:19~21)

    2. 말씀에 대한 반응(1:22~25)

    3. 말씀에 대한 순종(1:26~27)

II. 긍휼히 여기는 마음을 가지고 섬기라(2장)

A. 타인을 영접하라(2:1~13)

1. 모든 사람에게 존중심을 가지라(2:1~4)

2. 모든 사람에게 동정심을 가지라(2:5~9)

3. 모든 사람을 동등히 대하라(2:10~13)

B. 타인을 도우라(2:14~26)

1. 진정한 믿음의 표현(2:14~17)

2. 진정한 믿음의 증거(2:18~20)

3. 진정한 믿음의 실례들(2:21~26)

III. 조심해서 말하라(3장)

A. 말을 자제하라(3:1~12)

1. 혀는 큰 위력을 가지고 있다(3:1~5)

2. 혀는 길들이기가 힘들다(3:6~8)

3. 혀는 더럽혀져 있다(3:9~12)

The Bible Knowledge
Commentary

B. 마음속의 생각을 잘 다스리라(3:13~18)

　1. 지혜는 온유하다(3:13)

　2. 지혜는 자비롭다(3:14~16)

　3. 지혜는 화평을 이룬다(3:17~18)

Ⅳ. 통회하는 마음으로 굴복하라(4장)

A. 시기심을 버리고 겸손한 마음을 가지라(4:1~6)

　1. 다툼의 원인(4:1~2)

　2. 다툼의 결과(4:3~4)

　3. 다툼을 치유하는 법(4:5~6)

B. 판단하는 마음을 버리고 공의로운 마음을 가지라(4:7~12)

　1. 공의에 관한 충고(4:7~9)

　2. 공의의 유익(4:10~11)

　3. 공의의 출처(4:12)

C. 자랑하는 마음을 버리고 믿음을 가지라(4:13~17)

　1. 자랑하는 자가 하는 말(4:13)

　2. 자랑하는 자에 대한 판결(4:14)

　3. 자랑하는 버릇에 대한 해결책(4:15~17)

V. 관심을 가지고 서로 나누라(5장)

    A. 소유를 나누어 가지라(5:1~6)

        1. 부한 자들에 대한 경고(5:1)

        2. 썩어질 재물(5:2~3)

        3. 재물로 인한 정죄(5:4~6)

    B. 인내함을 나누라(5:7~12)

        1. 인내의 본질(5:7~9)

        2. 인내의 본보기들(5:10~11)

        3. 인내의 증거(5:12)

    C. 기도를 함께 나누라(5:13~20)

        1: 필요에 대해 민감한 자세(5:13)

        2. 필요에 따라 간구하는 자세(5:14~18)

        3. 필요의 중요성(5:19~20)

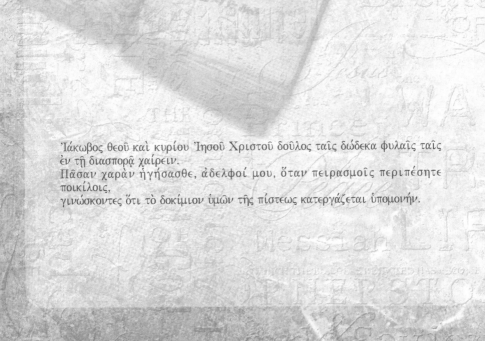

Ἰάκωβος θεοῦ καὶ κυρίου Ἰησοῦ Χριστοῦ δοῦλος ταῖς δώδεκα φυλαῖς ταῖς ἐν τῇ διασπορᾷ χαίρειν.

Πᾶσαν χαρὰν ἡγήσασθε, ἀδελφοί μου, ὅταν πειρασμοῖς περιπέσητε ποικίλοις,

γινώσκοντες ὅτι τὸ δοκίμιον ὑμῶν τῆς πίστεως κατεργάζεται ὑπομονήν.

The Bible Knowledge Commentary 28

James
주해

주해

I. 확고한 신념 위에 서라(1장)

A. 문안과 인사(1:1)

1:1 본 서신은 통상적인 서두로 시작된다. 즉, 저자의 이름, 수신자 및 인사말 등이 나타난다. 야고보는 간략한 서론으로 만족하고 있다.

저자는 자신을 조심스럽게 소개하고 있다. 그는 교회 안 자신의 지위에 대해서, 혹은 자기가 예수님의 형제라는 사실에 대해서 언급하지는 않았다. 자신의 지위를 나타내 줄 호칭이 생략되었다는 사실은 그가 그 당대의 성도들에게 잘 알려져 있었을 뿐 아니라 이러한 종류의 편지를 보낼 정도의 권위를 가지고 있었음을 시사한다.

야고보(야코보스['Ιάκωβος])의 영어식 표기는 제임스(James)다. 영어에서 야고보가 왜 제임스로 표기되었는지는 분명하지 않다. 영어에서 제임스(James), 제이크(Jake) 및 제이콥(즉 야고보, Jacob)은 모두 같은 어

원에서 유래한 이름이다. 영어를 제외한 다른 언어의 성경에서는 실제 히브리어 이름 야곱을 음역해 사용하는 경향이 많다. 그렇다면 영어 성경에서 야고보 대신 제임스가 사용된 것은 자신이 공인한 영어역 성경에 자기 이름이 나타나기를 바랐던 제임스 왕의 염원의 결과인 것인가?

야고보는 자신을 단순히 "하나님과 주 예수 그리스도의 종"이라고 묘사한다. 그리고 자신을 노예(둘로스[δοῦλος])로 간주하고 있다. 그는 하나님의 소유물인 동시에 자신의 '형제'라고 부를 수 있는 주 예수 그리스도의 소유물이었다. 야고보는 그리스도를 하나님과 동등한 위치에 올려놓음으로써 그리스도의 신성을 분명하게 인정하고 있다. 더욱이 야고보는 '주 예수 그리스도'라는 긴 호칭을 사용하고 있다. 여기서 '예수'는 '구속자'를 의미하고 '그리스도'는 '메시야', 즉 '기름 부음을 받은 자'를 지칭하는 헬라어다. 영원한 '주'께서 구속자 '예수'가 되셨고, 영원한 주권자 '그리스도'로 다시 살아나신 것이다. 만유의 주께서 만왕의 왕이 되신 것이다(딤전 6:15; 계 17:14; 19:16).

본 서신은 (여러 나라에) "흩어져 있는 열두 지파"에게 보낸 것이다. 야고보는 자기 고국에서 흩어져 나간 유대인들에게 이 편지를 썼다. 전문 용어인 '흩어져 있는'(디아스포라[διασπορά])이라는 단어는 신약성경 다른 곳에서는 겨우 두 번만 더 나타난다(요 7:35; 벧전 1:1). 이 단어는 바벨론 유수 시대에 그들의 선조들이 경험했던 것처럼 여러 이방 나라에 흩어져 있는 유대인들을 지칭한다. 이스라엘의 열두 지파가 비록 흩어져 있기는 하지만, 그들은 결코 버려진 것이 아니다. 그들은 요한계시록에 나타나는 성경 역사의 종반부에서 다시 열거된다. 유다, 르우벤, 갓, 아셀, 납달리, 므낫세, 시므온, 레위, 잇사갈, 스불론, 요셉, 베냐민(계 7:5~8. 참조, 계 21:12).

수천 편의 고대 파피루스 편지에서 일반적으로 사용되는 "문안하노라"라는 관용구는 신약성경의 다른 서신들에서는 단독으로 사용되는 경우가 없다. 이 관용구는 헬라어 인사말로 '안녕하세요' 혹은 '환영합니다'와 같은 의미를 갖는다(참조, 요이 10~11절 주해). 야고보가 '화평'(샬롬)이라는 유대 인사말을 첨가하지 않은 것은 꽤 흥미롭다. 바울은 보통 '은혜와 평강'으로 번역되는 헬라 인사말과 히브리 인사말을 모두 사용하기 때문이다. 야고보는 비록 자기가 동료 유대인들에게 편지를 쓰고 있지만, 산뜻하고 간결할 뿐 아니라 우아하고 세련된 헬라어를 구사하기 위해 일부러 유대식 인사말을 덧붙이지 않은 것으로 보인다. 더욱이 그렇게 함으로써 본 서 1:1의 "문안하노라"(카이레인[χαίρειν])와 2절의 "기쁘게"(카란[χαράν])라는 두 단어 사이의 평행 효과가 더욱더 두드러진다.

성숙하고 거룩한 그리스도인의 삶을 이루어 가려면 확고한 기반을 갖는 것이 필수다. 신자는 확신을 가지고 서 있어야 한다. 신자는 시련 때문에 주저앉아서는 안 된다. 또한 신자는 유혹으로 말미암아 들떠서도 안 된다. '밀고 당겨도 꼿꼿이 서 있으리'가 신자의 좌우명이 되어야 한다. 그러한 원동력은 어떻게 얻을 수 있을까? 신자는 하나님의 말씀을 추구하고 이해하고 실천함으로써 서 있을 수 있다. 밖으로부터의 시련과 안으로부터의 유혹은 위로부터 오는 진리 안에 서 있는 그리스도인에게는 상대가 되지 않는다.

B. 여러 가지 시험(시련) 중에 기뻐하라(1:2~12)

모든 시련은 잦은 번민과 불평을 낳는다. 그러나 이러한 반응은 성숙한 그리스도인의 삶을 이루어 가는 데 전혀 도움을 주지 못한다. 오히려 문제를 악화시킬 뿐이다. 시련을 재난으로 받아들이지 말고 시험으로 받아들여야 한다. 시험은 학생이 합격할 것인지 불합격할 것인지를 판가름하기 위해 치른다. 야고보는 모든 시험에서 어떻게 높은 점수를 획득할 것인지에 대해 건전한 조언을 해 주고 있다. 시련에 대해 바른 자세를 가지고, 시련의 유익함을 잘 이해하며, 시련 중에 어떻게 도움을 얻을지 잘 아는 자는 분명 하나님의 영예로운 투사 명단에 올라갈 수 있을 것이다.

1. 시험받을 때의 자세(1:2)

1:2 이방 민족들 가운데 흩어져서 핍박받고 있는 유대 신자들에게 야고보는 놀라운 충고를 하고 있다. "내 형제들아 너희가 여러 가지 시험을 당하거든 온전히 기쁘게 여기라." 즉, 시련을 기뻐하는 자세로 맞이

해야 한다는 것이다. 신자는 시련을 형벌이나 저주나 재난으로 여겨서는 안 되며, 기쁨을 촉진시키는 것으로 받아들여야 한다. 그뿐만 아니라 시련은 많은 슬픔 중에서 '약간의 기쁨'을 만들어 내는 것이 아니고, '온전한 기쁨'(문자적으로 '모든 기쁨', 즉 가득하고 섞이지 않은 기쁨)을 만들어 내야 한다.

야고보의 명령이 직선적이고 강력하기는 하지만, 지금 그가 청중들에게 설교를 하는 것은 아니다. 그는 자신을 그들과 동일시하고 있다. 그는 그들을 "내 형제들아"라고 다정하게 부른다. 이러한 어투는 본 서신의 특징을 이룬다. 야고보는 이 친근한 호칭을 적어도 15회에 걸쳐 사용했다. 이렇게 볼 때 야고보의 직선적인 명령은 깊은 동정심과 좋은 균형을 맞췄다고 할 수 있다.

야고보가 신자들에게 시련 '때문에' 기뻐해야 한다고 말하지 않고 시련을 '만날 때' 기뻐해야 한다고 말한 점은 상당히 중요하다. '만나다'로 번역된 동사 페리페세테(περιπέσητε)는 문자적으로 '빠지다'라고 번역해야 할지도 모르겠다(한 불쌍한 사람이 '강도를 만났다'고 할 때 사용된 동사도 이와 비슷한 경우다. 눅 10:30). "여러 가지 시험"(페이라스모이스 포이킬로이스[πειρασμοῖς ποικίλοις])이라는 표현은 베드로도 사용했는데, 그는 이 두 단어의 순서를 바꿔서(포이킬로이스 페이라스모이스) 사용했다(벧전 1:6). 이러한 시련에 둘러싸여 있을 때 신자는 기쁨으로 반응해야 한다. 대부분의 사람들은 시련을 피했을 때 온전히 기쁘게 여긴다. 그런데 야고보는 시련을 겪는 중에도 온전히 기쁘게 여기라고 말하는 것이다(참조, 벧전 1:6, 8).

본 절에서의 시련은 외부로부터 오는 시련 혹은 신앙심의 시험(페이라스모이스[πειρασμοῖς])을 지칭하는 것이 분명하다. 이에 반해 1:13에 나타나는 동사형 페이라조마이(πειράζομι)는 내부로부터 일어나는 유혹 혹은 죄에 대한 유혹을 언급하기 위해 사용되고 있다.

여기서 한 가지 질문이 생긴다. 어떻게 인간이 시련 중에 기쁨을 발견할 수 있을 것인가?

2. 시험의 유익(1:3~4)

1:3 그리스도인들은 시련을 기쁨으로 맞을 수 있다. 왜냐하면 시험은 많은 유익을 만들어 내기 때문이다. 시련은 잘 감당하기만 하면 최고의 인내를 만들어 낸다.

이러한 사실은 전혀 새로운 계시가 아니다. 이는 단지 이미 알려져 있는 사실을 되새겨 줄 뿐이다. 야고보는 "이는 … 너희가 앎이라"(기노스콘테스[γινώσκοντες: 문자적으로 '경험을 통해서 안다'])라고 말한다. 각 사람은 어려운 문제에서 비롯되는 고통과 참는 자에게 보장되는 유익을 경험해 왔다. 시련을 겪을 때 어느 정도의 시간이나 노력을 투자하지 않은 맹목적인 인내는 아무런 유익도 낳지 못한다.

인내를 만들어 내는 것은 믿음의 역할에서 중요한 부분을 차지한다. 시련(시험)은 '증명하는 일'보다는 '인정하는 일'과 관련되어 있다. 시련이라고 번역된 도키미온(δοκίμιον)이라는 단어는 본 절과 베드로전서 1:7에서밖에 나타나지 않는다. 믿음은 정금과도 같다. 즉, 믿음은 불의 연단을 견딘다. 이와 같이 인정된 믿음의 기준 없이는 시련이 변하지 않는 인내를 산출해 내지 못할 것이며, 남는 건 재뿐일 것이다. 진정한 믿음은 순금처럼 불의 열기가 아무리 뜨겁다 할지라도 그 열기를 견뎌 낸다. 그렇기 때문에 진정한 믿음은 인내, 즉, 오래 참고 견디는 힘을 만들어 낸다(카테르가제타이[κατεργάζεται: 문자적으로 '생기게 한다']). 명사 '인내'(휘포모넨[ὑπομονήν]. 참조, 1:12에 나타나는 동사형)는 어려움에 직면해서도 '변치 않음' 혹은 '견디어 냄'이라는 의미를 갖는다(참조, 5:11).

1:4 인내는 시험의 유익함이 시작되는 것에 불과하다. 시련에는 더욱 많은 유익이 따른다. "인내를 온전히 이루어야" 한다. 연단받은 진정한 믿음이 인내를 만들어 내는 것과 마찬가지로, 인내는 그 궁극적 부산물들인 성숙한 삶과 영적 온전함을 만들어 내도록 변치 않는 힘을 끝까지 보존해 나가야 한다. 물론 이 일은 야고보가 본 서신 전체를 통해 한결같이 주장하는 주제로, 본 서신의 숭고한 목표다. 즉, 야고보의 주된 관점은 영적 성숙함을 어떻게 성취할 것인가를 보여 주는 데 있다.

두 단어가 그 목표를 묘사해 준다. 완전하고 성숙한(참조, 현대인의 성경, 개역개정은 "온전하고 구비하여"라고 번역됨−옮긴이). '성숙한'(텔레이오이[τέλειοι])은 자주 '온전한' 혹은 '완성된'으로 번역되는데, 본 절에서는 '완전한'(홀로클레로이[ὁλόκληροι]: 홀로스[ὅλος: '전체']와 클레로스[κλῆρος: '부분']의 합성어)이라는 단어와 나란히 사용됨으로써, 모든 면에서 완성된, 혹은 '모든 부분에서 최대한으로 발전된'이라는 개념을 강조하는 인상을 준다.

우리가 시련을 기쁨으로 맞이할 수 있는 것은, 우리가 믿음을 가지고 있을 때 그 시련은 인내를 만들어 내기 때문이다. 또한 인내가 온전해졌을 때 그 인내함이 아무것도에 부족함이 없고 완전히 성숙한 그리스도인을 만들어 내기 때문이다. 이러한 그리스도인은 모든 점에서 하나님이 그에게 원하시는 모습으로 변해 갈 것이다.

야고보의 주장은 논리적인 것처럼 보일지도 모른다. 그러나 어떻게 시련이 기쁨으로 환영받는 대상이 될 수 있는지를 이해하기는 아직도 힘들다. 이 역설적인 진리를 어디서 발견할 수 있을까?

3. 시험받을 때 도움이 되는 것들(1:5~12)

1:5 '조금도 부족함이 없는' 높은 목표로 말미암아 당황하고 어찌할 바를 모르는 자들에게 야고보는 다음과 같이 말하고 있다. "너희 중에 누구든지 지혜가 부족하거든 … 하나님께 구하라." '후히 주시는 하나님'(투 디돈토스 데우[τοῦ διδόντες θεοῦ])이 그들에 대한 도움을 이미 준비하셨기 때문이다. 지혜가 부족한 자들은 구하기만 하면 이 귀중한 자원이 자신들의 것이 된다. 야고보는 독자들이 단순한 지식에 대한 필요뿐 아니라 지혜(소피아스[σοφίας])에 대한 필요도 느낄 것으로 생각하고 있다. 하나님은 지혜를 주시되 풍성히 아낌없이 주시는 분이다.

1:6~8 하지만 하나님의 예비하심에는 몇 가지 선행 조건이 따른다. 시련 중에 하나님의 지혜를 얻으려면, 신자는 구하는데 있어서 지혜로워야 한다. 첫째, 믿음으로 구해야 한다. "오직 믿음으로 구하고 조금도 의심하지 말라"(디아크리노메노스[διακρινόμενος: '의심'이라고 번역된 이 단어는 우유부단함을 의미한다]). "의심하는 자는 마치 바람에 밀려 요동하는 바다 물결 같으니 이런 사람은 무엇이든지 주께 얻기를 생각하지 말라." 하나님은 "두 마음을 품어(디푸코스[δίψυχος: 문자적으로 '두 영혼을 가진']. 참조, 4:8) 모든 일에 정함이 없는", 즉 마음이 술 취

한 것처럼 불안정하고 비틀거리는 사람을 기뻐하지 않으신다. 하나님이 주시는 응답은 하나님을 믿는 확신에 달려 있다.

1:9~11 더욱이 지혜를 구하는 자는 자신이 소망을 품고 산다는 사실을 입증해 보일 필요가 있다. 자신의 사회적 경제적 지위가 어떠하든지 신자는 영원한 유익을 바라봐야 한다. 낮은 형제는 자신이 영적으로 높은 지위에 있음을 기뻐할 수 있고, 부한 형제는 (자신이 그리스도 안에서 '영원한 영광'을 소유하고 있다는 사실을 앎으로써, 고후 4:17) 자신의 인간적 덧없음을 기뻐할 수 있다. 사회적 명성은 덧없이 지나가고, 재산도 뜨거운 해를 만난 들꽃과 같이 시들며, 명예도 사라져 버릴 것이다. 따라서 영원한 것에 대한 소망만이 살아 있는 믿음의 증거가 된다.

1:12 마지막으로 지혜를 구하는 자는 흔들리지 말아야 하며 또한 사랑으로 가득 차 있어야 한다. 하나님은 시험을 참는 자에게 복을 주신다. 여기서 야고보는 2~3절에서 언급한 주제로 되돌아간다. 즉, '시련'과 '시험', 그리고 '오래 참음'에 대해 다시 언급하고 있다. 요동하지 않고 시련(페이라스몬[πειρασμόν])을 견디는(휘포메네이[ὑπομένει]), 그리고 시험을 참는(도키모스 게노메노스[δόκιμος γενόμενος]. 참조, 3절 도키미온[δόκιμιον]) 그리스도인은 생명의 면류관을 얻을 것이다. 이 '면류관'은 생명으로 이루어져 있다. 다시 말해서 이 면류관이 곧 생명이다(참조, 계 2:10). '여기서 약속된 생명은 아마도 지금 우리가 살고 있는 이곳에서의 생명, 즉 풍성하고 완전한 생명을 가리키는 것으로 보인다'(참조, 4절, Curtis Vaughan, *James: Bible Study Commentary*, p.28). (다른 면류관들은 살전 2:19; 딤후 4:8; 벧전 5:4에서 언급되었다.) 하나님

은 그러한 생명을 자기를 사랑하는 자들에게 약속하셨다. 하나님에 대한 사랑은 시련을 겪는 그리스도인들이 하나님을 확고하게 의지할 수 있게 해 준다. 그들의 확고부동한 자세는 하나님을 향한 그들의 사랑을 보여 준다(하지만 어떤 이들은 이 면류관이 현재의 풍성한 삶을 지칭하는 것이 아니요 영원한 생명을 지칭한다고 말한다. 모든 진정한 그리스도인은 사실상 하나님을 사랑하기 때문이다. 요일 4:8). 믿음과(6~8절) 소망과(9~11절) 사랑으로(12절) 지혜를 구하면 지혜뿐 아니라 승리의 축복까지도 받을 수 있다.

시련을 견디는 올바른 태도를 갖고자 한다면 시련의 유익을 바라봐야 한다. 만일 그 유익을 발견해 내는 것이 어렵다면 우리는 도움을 구할 수 있으며, 올바로 구하기만 하면 하나님은 우리에게 시련을 맞이할 바른 자세를 제시해 주실 것이다. 따라서 그리스도인은 시련 중에 기뻐할 수 있으며(2절) 또한 그 시련들을 견딤으로 축복을 받을 수 있다(12절).

C. 죽음에 이르게 하는 시험(유혹)을 이기라(1:13~18)

신자들은 시련의 공격과 압박에 넘어질 위험에 처해 있다. 그러나 그들은 또한 유혹의 꼬임과 쾌락에 이끌려 넘어질 위험에 처해 있기도 하다. 시련에 대한 잘못된 반응이 영적 성장과 성숙에 장애가 되는 것과 마찬가지로, 유혹에 대한 잘못된 반응도 영적 성장을 저해한다. 야고보는 유혹의 근원과 단계, 그리고 유혹에 대한 해결책을 개괄해 나가고 있다.

1. 시험의 근원(1:13~14)

1:13 야고보는 자기가 범한 죄에 대해 쉽게 변명해 버리는 자들을 신랄하게 꾸짖는다. 이런 자들은 자기 죄에 대한 책임감을 벗기 위해 "내가 하나님께(아포 테우[ἀπὸ θεοῦ: 단순한 대행자가 아니라 그 근원을 의미]) 시험을 받는다"고 말한다. 하나님께는 악이 항소할 수 있는 여지가 전혀 없다. 하나님은 말 그대로 '시험을 받을 수 없는'(아페이라스토스[ἀπείραστος]. 참조, 히 4:15 주해) 분이시다. 그뿐만 아니라 하나님은 아무도 시험하시지 않는다. 종종 시련을 주시기는 하지만, 절대 유혹하시지는 않는다.

1:14 유혹의 근원은 사람 안에 있다. 즉, 그 근원은 자신의 욕심과 욕망 그리고 내적 욕구다. 인간은 이 내적 욕구에 이끌려 미혹되는 것이다. 이러한 욕구는 사람을 이끌어 내어(엑셀코메노스[ἐξελκόμενος: 마치 은신처에 숨어 있던 물고기가 밖으로 끌려 나오듯이]) 홀리듯이 낚아채 버린다(델레아조메노스[δελεαζόμενος]: 동사 델레아조[δελεάζω: 미끼로 꾀다, 미끼로 고기를 잡다, 덫으로 사냥하다]에서 유래). 따라서 사람은 자신의 덫을 스스로 설치해 놓고 거기에 자기 스스로 걸리는 것이다.

2. 시험의 단계(1:15~16)

1:15~16 생물학적 표현이 생생하게 전개되고 있다. 욕심, 즉 욕망이 잉태해 낳은 것이 죄다. 여기서 언급되지 않은 죄의 부친은 분명 사탄

이다. 이처럼 기괴하게 출생한 아이 '죄'는 성장해 자기 후손 '죽음'을 낳는다. 이러한 단계는 너무도 명백한 사실이다. 자제하지 못한 욕망은 죄를 낳기 마련이며, 회개하지 않은 죄는 사망을 가져올 수밖에 없기 때문이다. 죄가 사망을 낳는다는 것이 얼마나 이상한 일인가? 일반 사람들에게는 이것이 이상하게 보일지 모른다. 그러나 야고보는 이 편지를 읽는 사랑하는 형제자매들에게 속지 말고 잘못된 길로 들어서지 말 것을 경고하고 있다. 시련에 대한 올바른 반응이 온전한 영적 성숙함으로의 성장을 가져올 수 있는 것처럼, 욕망에 대한 그릇된 반응은 비참한 영적 궁핍함과 그리고 궁극적으로는 죽음으로 전락하는 결과까지 가져올 것이다.

3. 시험에 대한 해결책(1:17~18)

1:17~18 고삐 풀린 욕망으로부터 전락한 죽음에 관한 음침한 장면과 아주 대조적으로, 진리의 말씀(18절. 참조, 엡 1:13; 골 1:5)에서 흘러나온 새 생명에 관한 밝은 장면이 나타나고 있다. 어두움의 아버지 사단(행 26:18; 골 1:13)은 죄와 죽음의 후손을 낳는다. 이에 반해 하늘에 있는 빛의 아버지(즉, 우주의 별들을 창조하신 하나님)는 구원과 생명을 주시며 변함도 없으시다. 해가 움직이면 그림자가 생겨난다. 그러나 해를 만드신 분에게는 그림자도 없다. "온갖 좋은 은사와 온전한 선물이 다 위로부터 … 오나니"는 헬라어의 시적 운율을 갖고 있다. 이 구절을 문자적으로 해석하면 다음과 같다. '온갖 주는 행위(도시스[δόαις])와 온전한 선물(도레마[δώρημα])이 다 위로부터 온다.'

유혹에 대한 해결책은 하나님 아버지와의 밀접한 관계, 그리고 하나님 말씀에 대한 끊임없는 반응에서 찾을 수 있다. 우리는 변함이 없으신 빛의 주님 안에서 안식해야 하며 생명을 주시는 '진리의 말씀'(참조, 엡 1:13; 골 1:5; 딤후 2:15)에 의지해야 한다.

하나님의 선택을 받은 첫 열매, 즉 중생한 신자들 중 하나가 유혹에 굴복해야 할 이유는 전혀 없다. 신자는 사망으로 이끄는 유혹의 힘을 물리칠 수 있는 법을 배워야 한다. 그렇지 않고서는 하나님이 그분의 빛의 자녀들(엡 5:8; 살전 5:5)에게 바라시는 영적 성숙함에 결코 도달할 수 없다.

D. 하나님의 진리에 거하라(1:19~27)

궁극적으로 시련에 대한 올바른 반응과 유혹에 대한 저항의 열쇠는 하나님 말씀에 대한 적절한 반응에서 발견할 수 있을 것이다. 말씀을 받아들이는 자세, 말씀에 반응하는 자세, 그리고 말씀에 순응하는 자세는 영적 성장에 필수이다. 따라서 그리스도인은 하나님의 말씀을 받아들여야 하고, 그 말씀에 따라 살아가야 하며, 말씀에 순종해야 한다.

1. 말씀에 대한 수용성(1:19~21)

1:19~20 야고보는 또다시 자신을 자기 독자들과 동일시해 "내 사랑하는 형제들아"라고 부른 후, 자기가 명하고 있는 명령이 대단히 중요하다는 사실을 명백히 하고 있다. "너희가 (이것을) 알지니"(이스테

[ἴστε]), 다시 말해서 '이 사실에 주의를 기울이라.' 그 뒤에는 세 가지 명령이 뒤따른다. "사람마다 듣기는 속히 하고 말하기는 더디 하며 성내기도 더디 하라." 두말할 나위 없이, 논쟁에서 열변을 토하는 사람보다는 듣는 사람이 화를 내는 데 있어서 더디게 마련이다(참조, 3:1~12). 화를 내면 본 서신의 목표인 '하나님이 기뻐하시는 의로운 삶'에 이룰 수 없다.

1:21 결과적으로 모든 더러운 것(루파리안[ῥυπαρίαν: 신약성경에서는 여기서만 유일하게 사용되고 있다]. 참조, 2:2의 루파라[ῥυπαρᾷ: 더러운, 초라한])과 넘치는 악을 내버리고 마음에 심어진 말씀을 온유함으로 받아들이는 것이 필수다. '심어진'(엠푸톤[ἔμφυτον: 신약성경에서는 여기서만 사용되고 있다])이라는 말은 '접붙인'이라는 말과 대조해서 이해할 수 있다. 말씀은 선천적으로 심어진 것이며, 영혼의 비옥한 토양에 뿌리를 내린다. 바로 이 하나님의 말씀이 영혼을 구원할 수 있다.

2. 말씀에 대한 반응(1:22~25)

1:22 하지만 말씀을 받아들이는 것만으로는 충분치가 않다. 그리스도인은 실천적인 순종으로 말씀에 반응해야 한다. 명령은 선명하게 제시되어 있다. "너희는 말씀을 행하는 자가 되고 듣기만 하여 자신을 속이는 자가 되지 말라." 우리는 단순히 듣기만 하는 자가 되어서는 안 될 것이며, '계속해서 되어 가는 자'(기네스테[γίνεσθε]), 즉 말씀을 행하는 자가 되어야 한다. 이런저런 교리들을 맛보기로 소개하는 것에

만족하는 소위 설교쟁이들의 수가 늘어 가는데, 그들은 무기력한 벌 새처럼 자신들 스스로를 속이고 있다. 동사 '속인다'(파라로기조마이 [παραλογίζόμαι: 그릇된 추론으로 기만하다])는 신약성경 전체 중 본 절 과 골로새서 2:4에서만 사용되었다. 이러한 속임은 말씀을 듣는 것이 실제로는 시작에 불과한데도, 정작 필요한 모든 것을 듣는 순간에 이미 다 행했다고 생각하는 데서 비롯된다. 이러한 사람들에게는 "고인 물은 썩는다"는 속담이 딱 어울린다.

1:23~24 듣기만 하고 아무 일도 하지 않는 사람은 거울로 자기의 생 긴 얼굴을 본 후 그 모습이 어떠했는지를 곧 잊어버리는 사람과 같다. 야고보가 이 비유에서 남자(안드리[ἀνδρί])를 그 대상으로 언급한 것은 매우 재미있는 일이다. 여자라면 아마도 거울을 볼 때 대충 보지 않을 것이며, 만일 자신의 얼굴에 자그마한 흠이라도 발견한다면 어떠한 방 도를 취해서라도 깨끗하고 아름답게 꾸미려 할 것이다. "자신의 생긴 얼굴"(프로소폰 테스 게네세오스[πρόσωπον τῆς γενέσεως])을 본 후 곧 잊어버리는 이 남자는 그렇지 못하다는 뜻이다.

1:25 하나님 말씀의 거울을 들여다보는 사람에게는 의무가 따른다. 우리를 자유롭게 하는 온전한 율법을 주도면밀하게 들여다봐야 한 다. 즉각적으로 반응하려는 마음 자세로 주도면밀하고 지속적으로 말 씀을 들여다보는 것은 영적인 힘과 꾸준한 영적 성숙을 이루어 나가 는 데 중심 역할을 한다. '들여다보고'라고 번역된 단어 파라쿠프사스 (παρακύψας)는 문자적으로 세밀하게 잘 보기 위해 '몸을 굽히다'라는 의미를 갖는다.

"자유롭게 하는 온전한 율법"이라는 구절은 역설처럼 보인다. 율법은 구속을 의미하는 것으로 보이며, 따라서 자유의 결핍 상태로 받아들여질지도 모른다. 그러나 하나님의 율법은 그렇지 않다. 하나님의 온전한 율법은 진정한 자유를 제공해 준다. 그리스도는 "너희가 내 말에 거하면 … 진리를 알지니 진리가 너희를 자유롭게 하리라"(요 8:31~32)라고 하셨다. 하나님이 명하신 바를 행하는 자는 온전한 자유를 발견할 것이며, 또한 자신이 행하는 일에 복을 받을 것이다.

3. 말씀에 대한 순종(1:26~27)

말씀에 대한 수용성과 그 계시에 대한 반응은 삶에 대한 새로운 태도를 동반해야 한다. 우리는 순종과 영속적 실천을 계속하겠다고 굳게 각오해야 한다.

1:26 진실로 경건한 자는 그 경건함을 절제할 줄 아는 말로써 나타내 보일 것이다. '경건한'(트레스코스[θρησκός])이라는 단어는 외형적인 의식들을 지칭한다. 우리가 훌륭한 것들이라고 생각하는 외적 종교 의식들은 그에 상응하는 절제함이 없거나 혹은 혀를 재갈 물리지 아니하면(이 주제는 3:1~12에서 더 상세하게 다룰 것이다) 완전히 헛것이다(마타이오스[μάταιος: 무익한, 열매 없는, 무용한]). 그러한 사람은 '자기 마음을 속이는'(아파톤 카르디안 아우투[ἀπατῶν καρδίαν αὐτοῦ: 문자적으로 '자신의 마음을 오도한다' 혹은 '꾀다']. 참조, 22절에서 '속임'이라는 뜻을 나타내기 위해 사용된 다른 단어) 꼴이 된다.

1:27 "정결하고 더러움이 없는 경건"은 행위와 성품이 하나님의 말씀에 따라 훈련된 사람에게서 발견된다. '경건'이라고 번역된 헬라어 트레스케이아(θρησκεία)는 신약성경 전체를 통해 단 네 번만 사용되었는데, 그중 두 번이 여기서 나타난다(참조, 골 2:18; 행 26:5). 하나님의 관심이 종교적 의식이 아니라 올바른 삶에 있다는 것은 분명한 사실이다.

야고보는 하나님 아버지가 (17절에서는 그냥 '아버지'만 사용되고 있다) 강조하시는 것들을 약술하고 있다. "고아와 과부를 … 돌보고(인간의 행위와 관련됨), 또 자기를 지켜 세속에 물들지 아니하는 그것"(인간의 성품과 관련됨). "세속에 물들지 아니하는"이라는 구절은 한 단어 아스필론([ἄσπιλον: 흠없는]. 참조, 딤전 6:14; 벧전 1:19; 벧후 3:14)을 번역한 것으로, 도덕적 더러움(1:21)과 대조를 이룬다. 하나님이 기뻐하시는 '경건'을 소유한 신자는 궁핍한 자들을 도와주고 (따라서 흠이 없음), 또한 자신을 정결하게 지켜 나간다. 이는 경건함에 대한 정의(定義)라기보다는 오히려 일반적으로 '경건'이라고 불리는 단순한 예배 행위들이나 의식적 준행에 대한 하나의 대조적 설명이다. 또다시 그 목표는 성숙한 그리스도인의 삶이요 실천적인 거룩함이다. 그 목표는 어떻게 성취되는가? 그 첫 번째 단계는 확신을 가지고 흔들림 없이 서 있는 것이다. 시련이나 유혹이 와도 하나님의 진리에 닻을 내리고 그 진리를 자신의 삶에 적용시켜 나가는 사람에게는 흔들림이 있을 수 없다.

II. 긍휼히 여기는 마음을 가지고 섬기라(2장)

성경에 적절하게 연결된 자는 그리스도의 몸에도 적절하게 연결되어 있다. 확신을 가지고 서 있는 자는 긍휼을 가지고 섬긴다. 진정한 경건이란 봉사함으로 그 모습을 증거해 보인다고 야고보가 바로 앞에서 밝혔는데, 그 봉사는 신자로 하여금 다른 사람들을 편견 없이 대하고 사심 없이 도와주는 법을 배울 것을 요구한다.

A. 타인을 영접하라(2:1~13)

야고보는 자신의 훈계와 가르침에 대해 점점 더 구체적이고 직접적인 성격을 드러낸다. 그는 그리스도인들 사이에 나타나던 차별 현상에 대해 불만을 가졌던 것이 분명하다. 그는 신자들이 다른 사람들에게 보여 주는 이러한 태도들을 공격한 후, 그들이 신자로서 행해야 할 일들을 수행하지 못한 것을 한탄하고 있다. 그는 먼저 차별하는 태도를 정죄한 후, 영적 성숙함을 이루기 위해 이러한 장애물을 어떻게 극복할 수 있을 것인지에 대해 몇 가지를 제안했다. 신자는 지위와 계급에 상관없이 다른 사람들을 영접해 들이는 법을 배워야 한다. 그리고 모든 사람에 대한 존중심과 동정심 그리고 모든 사람을 동등히 대하는 법을 배워야 한다. 평등과 사랑, 그리고 충성심은 지극히 중요한 요소들이다.

1. 모든 사람에게 존중심을 가지라(2:1~4)

2:1 새로운 주제가 거론된다는 사실은 "내 형제들아"라는 호칭에서 분명하게 나타난다. 야고보는 '형제들'이라는 호칭을 통해 영광의 주 곧 우리 주 예수 그리스도를 믿는 동료 그리스도인들을 지칭한다. NIV가 그리스도의 믿음(faith 'of' Christ)이 아니라 그리스도에 대한 믿음(faith 'in' Christ)이라고 번역한 것과, 또한 '영광'(독세스[δόξης]) 이라는 단어를 그리스도와 동격으로, 따라서 그리스도를 수식하는 것으로 번역한 것은 잘한 일이다. 중심 되는 명령은 분명하다. "사람을 차별하여 대하지 말라." 하나님은 사람을 외모로 취하는 법이 없으시다(롬 2:11; 엡 6:9; 골 3:25). 따라서 그리스도인도 외모로 사람을 차별하지 말아야 한다. 그래서 야고보도 편견과 차별을 정죄한 것이다.

2:2~3 이제 야고보는 본 주제와 관련된 실례를 든다. 실례의 가정적 성격은 헬라어 구문의 가정절에서도 분명히 나타나지만 '만일'이라는 단어에 의해 더욱 두드러진다. 이 가정절 내에 하나의 특정한 상황이 제시된다. 즉, "금 가락지를 끼고 아름다운 옷을 입은 사람"이 회당에 들어오는 상황이다. 여기서 '회당'이라는 말은 본 서신과 가정적 상황의 유대적 성격을 강조해 준다. 또한 "남루한 옷을 입은 가난한 사람"도 들어온다. '남루한'(루파라[ῥυπαρᾷ])이라는 단어는 본 절과 요한계시록 22:11에서만 사용되었다(참조, 1:21의 루파리안[ῥυπαρίαν: 도덕적 더러움]이라는 단어). 부자에게는 '특별한 관심'(문자적으로 '눈여겨봄')과 더불어 좋은 자리를 제공하면서 가난한 자에게는 간신히 서 있을 정도의 자리나 발등상 아래에(다시 말해서, '마룻바닥에') 보잘것없는 자리

를 제공한다.

2:4 이러한 가정적 상황에 이어 신랄한 질문이 뒤따른다. "너희끼리 서로 차별하며 판단하는 것이 아니냐" 헬라어 구문에서 이 질문은 긍정적인 대답을 가정한다. 야고보의 형제들은 겉모습만 보고 차별한 죄뿐 아니라 편파적인 "악한 생각으로 판단하는 자"의 역할을 한 죄에 대해서도 고백해야 한다.

2. 모든 사람에게 동정심을 가지라(2:5~9)

2:5~7 "내 사랑하는 형제들아 들을지어다"라는 호소와 더불어, 야고보는 그들의 편파적 판단이 왜 잘못된 것인지 설명한다. 그는 네 차례의 질문으로 자신의 논지를 펼치는데, 그것들은 각각 긍정적인 대답을 예상한 질문이다. 첫째, 하나님이 물질적으로는 가난한 자처럼 보이지만 영적으로는 부요한 자를 택하사 약속하신 나라를 상속으로 받게 하시지 않았는가?(참조, 1:9) 둘째, 부자들이란 끊임없이 압제와 착취와 비방(블라스페무신[βλασφημοῦσιν: 문자적으로 '신에 대한 모독'], 2:7)을 일삼는 자들이 아닌가? 셋째, 너희는 "너희를 법정으로 끌고 가지 아니하느냐" 넷째, 너희는 예수님의 "아름다운 이름을 비방하지 아니하느냐" 신자들은 부유한 착취자들에게 속한 자들이 아니요 그리스도께 속한 자들이다. 야고보의 독자들은 이러한 논지에 동의했을 것이며, 가난한 자를 모독하고 부자를 편애하는 것이 잘못된 일이요 완전히 도리어 맞지 않는 일이라는 점도 깨달았을 것이다.

2:8~9 무엇을 택해야 할지는 분명하다. 사랑은 옳다. 그리고 차별은 죄다. 야고보는 낙관적이다. "너희가 만일 ⋯ 최고의 법을 지키면"이라는 조건절은 헬라어 구문에서 긍정적인 반응을 예상한다. 이 '최고의 법'은 레위기 19:18에서 주어졌으며 마태복음 22:39에서는 그리스도에 의해 확증되었다. 즉, "네 이웃 사랑하기를 네 몸과 같이 하라." 이 법은 왕권(바실리콘[βασιλικόν]: 왕이라는 의미의 바실류스[βασιλεύς]로부터 유래한 단어)을 가진 법이다. 왜냐하면 이 법은 왕 중의 왕에 의해 선포되었고, 왕이 지켜야 할 법이며, 모든 법을 통치하는 법 중에서도 왕으로 간주되기 때문이다. 이 구절은 로마 제국 전역에 걸쳐 널리 알려져 있던 '렉스 레기아'(λεξ ρεγια)를 반영한다. 이 법에 대한 복종, 즉 차별 없는 사랑은 하나님의 법에 대한 명백한 불순종, 그리고 편파적인 차별에 대한 좋은 처방이다.

3. 모든 사람을 동등히 대하라(2:10~13)

2:10~11 야고보는 자신들의 편견에 의한 잘못을 그다지 중요하지 않은 실수로 간주하려는 사람들이 있으리라는 사실을 알았다. 그들은 자신을 율법을 어긴 자로 간주하려 하지 않았다. 그래서 야고보는 그러한 잘못이 결코 작은 실수가 아니라는 사실을 분명히 하고자 했다. "누구든지 온 율법을 지키다가 그 하나를 범하면 모두 범한 자가 되나니." 특별히 구별된 방종이란 있을 수 없다. 간음과 살인이라는 극단적인 경우를 예로 듦으로써 야고보는 정함이 없는 순종의 허무함을 보여 준다.

2:12~13 전적인 순종이 문제의 열쇠다. 신자는 습관적으로 율법대로

심판받을 자처럼 말도 하고 행하기도 해야 한다(헬라어에서는 현재 명령형). 하나님의 율법은 그 슬기로운 구속력 때문에 진정한 자유를 가져온다(참조, 1:25). 하나님의 율법에 대한 불순종은 속박을 가져온다. 또한 긍휼을 행하지 아니하는 자에게는 하나님의 긍휼 없는 심판이 있다. 사랑이 편견에 대해 승리하는 것과 마찬가지로, 긍휼은 심판을 이긴다. '이긴다'(카타카우카타이[κατακαυχᾶται])라는 동사는 본 절과 3:14, 로마서 11:18에서만 나타난다(3:14과 로마서 11:18은 개역개정한 성경에서 '자랑하다'로 번역됨—편집자 주).

하나님은 변개할 수 없는 법들을 제정하셨다. 만일 영적 성숙함을 이루고자 한다면 온전하고 지속적인 순종이 요구된다. 그래서 신자는 그의 형제를 존중하는 마음과 긍휼히 여기는 마음 그리고 동등히 여기는 마음을 가지고 영접하라는 명령을 받는 것이다.

B. 타인을 도우라(2:14~26)

사랑의 법이 차별하는 행위에 대해 전혀 변명해 주지 않는 것과 마찬가지로, 믿음을 소유했다는 사실은 선한 일을 행할 수 있게 한다는 보증이 되지 못한다. 신자는 다른 사람들을 기꺼이 영접함으로써, 그리고 다른 사람들을 책임지고 도와줌으로써 자신의 사랑을 나타내야 한다. 야고보는 자신의 편지에서 진정한 믿음의 표현을 강조하고, 진정한 믿음의 증거를 개괄하며, 마지막으로는 진정한 믿음의 본보기들을 상기시킨다.

1. 진정한 믿음의 표현(2:14~17)

2:14 "내 형제들아"라는 호칭에서 본 서신의 논지가 다시 한 번 바뀌고 있음을 엿볼 수 있다. 야고보는 수사학적 질문으로 본 단락을 시작한다. "만일 사람이 믿음이 있노라 하고 행함이 없으면 무슨 유익이 있으리요." 강조되는 점은 믿음의 진정한 본질이 아니라 믿음과 관련된 그릇된 주장이다. 야고보가 정죄하는 것은 믿음의 거짓된 자랑이다. 그러한 '믿음'은 아무 '이로움'도 주지 못한다. 즉, 전혀 '유익'(오펠로스[ὄφελος], 신약성경 전체 중 본 절과 16절, 고린도전서 15:32에서만 사용된다)이 없는 믿음이다. 이러한 믿음은 전혀 행함이 따르지 않는, 말만 있는 믿음이기 때문에 완전히 무가치하다. 그저 습관적으로 실속 없는 자랑만을 늘어놓을 뿐이다("있노라 하고"는 현재 시제다). "그 믿음이 능히 자기를 구원하겠느냐?" 헬라어 구문으로는 부정적인 대답이 기대되는 질문이다. 믿음을 가졌다고 주장하는 것만으로는 충분하지 않다. 진정한 믿음은 행함으로 증거되어야 한다.

2:15~16 이 수사학적 질문에 뒤이어 가정적인, 그러면서도 현실적인 비유가 나타난다. "형제나 자매가 헐벗고 일용할 양식이 없는데." (야고보는 가난한 자에 관해 자주 언급했다. 1:9, 27; 2:2~6, 15) 생필품이 없어 고통당하는 자에게는 일반적으로 통용되는 유대식 인사말 "평안히 가라, 덥게 하라"(삿 18:6; 삼상 1:17; 삼하 15:9; 막 5:34; 눅 7:50)와 같은 동정 어린 축복의 말만으로는 아무런 도움도 주지 못한다. 따뜻하게 해 줄 옷과 배부르게 해 줄 음식 등으로 긴급한 필요를 전혀 채워 주지 않는다면 "무슨 유익이 있으리요." 저자는 본 단락을 시작할 때(14절)

사용한 이 질문을 여기서 다시 사용함으로써 의미를 더욱 강조한다.

2:17 헛된 자랑과 마찬가지로 행함의 증거가 없는 믿음은 그 자체가 죽은 것이다. 행함이 없는 믿음은 가치가 없는 믿음이다. 이러한 믿음은 아무것도 생산해 내지 못하고 헛되며, 열매가 없고 결국은 죽은 믿음이다. 한 구의 시체를 놓고 거기에 다시 생명이 되돌아올 것으로 생각하며 엄청난 주장을 하는 이도 있을 것이다. 그러나 그 시체에 생명력의 증거들, 즉 심장이 뛴다거나 맥박이 뛰는 등의 현상이 나타나지 않는다면, 그 시체는 여전히 죽은 것이다. 결국 거짓 주장은 이러한 증거에 의해 완전히 묵살된다.

2. 진정한 믿음의 증거(2:18~20)

2:18 본 절은 야고보서 전체를 통해 가장 많은 오해를 불러일으킨 구절들 중 하나일 것이다. "어떤 사람은 말하기를 너는 믿음이 있고 나는 행함이 있으니." 가상적인 주어 "어떤 사람은"(또는 혹자)이 사용되었다. 이 주어의 주인공은 야고보의 결론에 이의를 제기하지 않았다. 그는 행함이 없는 믿음은 죽은 것이라는 점에는 동의를 했다. 그러나 그는 행함을 강조하느라 믿음을 경시해 버리는 잘못을 범했다(참조, 19절 주해).

그 다음에 계속되는 구절은 동일한 주어의 말로 보인다. "행함이 없는 네 믿음을 내게 보이라 나는 행함으로 내 믿음을 네게 보이리라." 그렇다면 본 구절도 앞 구절과 함께 따옴표 안에 들어가야 할 것이다(만일 본 구절이 가상적 주어의 "나는 행함이 있으니"라는 언급에 대한 야고보의 응답이라면, 야고보는 '너의 믿음 없는 행함을 나에게 보이라'고 했을 것이다). 비록 최근의 영어 번역본들(NEB, NIV, RSV)이 18절 하반절을 따옴표 안에 포함시키지 않지만 NASB는 본 절 전체를 가상적 주어의 언급으로 간주한다(한글개역도 NASB의 입장과 같다—옮긴이). 물론 헬라어 본문은 따옴표를 사용하지 않으며, 바로 그 때문에 영어 번역에서 이러한 다양성이 생겨나게 된다. 하지만 가상적 주어가 본절 후반부의 도전을 던지고 있다고 보는 것이 더 타당한 듯하다. '행함이 없는(코리스[χωρίς]) 네 믿음을 내게 보이라. 나는 나의 행함에 의해(엑[ἐκ: …으로부터 나타나는]) 내 믿음을 네게 보이리라(Show me your faith apart from works, and I will show you my faith by my works—저자 번역)'.

2:19 19절까지도 가상적 주어의 논의 중 일부로 간주할 수 있다. "네가 하나님은 한 분이신 줄을 믿느냐 잘하는도다 귀신들도 믿고 떠느니라." 만일 그렇다면 이 가상적 주어는 모든 유대인이 신조로 받아들인 유일신 신앙을 공격하던 전형적인 이방인 신자일 것이다. 그는 한 하나님을 믿는 것은 좋은 일일지 모르지만, 더 진전이 없이 거기에 머문다면 그것만으로는 충분하지 않다고 말한다. 왜냐하면 귀신들도 하나님은 한 분이신 것을 믿기 때문이다. 사실상 귀신들은 한 하나님을 믿을(동일한 동사 피스튜오[πιστεύω]) 뿐 아니라, 거기서 더 나가 떨기까지 하는 것이다(프리스수신[φρίσσουσιν: 섬뜩해하다], 신약성경 전체를 통해 여기서만 사용되고 있는 의성[擬聲] 동사다). 한 하나님을 믿는 '믿음'은 그 하나님에 대한 '신뢰'와는 다르다. 이 '신뢰'가 없는 믿음은 진정한 믿음도 아니요 또한 선한 행실에 의해 증명될 수도 없을 것이다. 다시 말

해서 가상적 주어의 말은 이것과 같다. '믿음이 열쇠가 아니다. 문제가 되는 것은 행함이다.' 이처럼 가상적 주어는 지나치게 극단에 치우친 주장을 내세운다. 야고보는 행함이 믿음의 본질이라든지 아니면 믿음은 중요하지 않다고 말하지 않았다. 야고보의 논지는 행함이 믿음의 '증거'라는 점을 주장하는 데 있다.

다른 학자들은 본 구절을 다음과 같이 이해한다. 야고보는 18절 중반절에서 행함이 없는 자신의 믿음(실제로는 불가능하다는 것이 요점이다)을 보이겠다고 하는 '어떤 사람'에게 도전했다. 그러면서 야고보는 18절 하반절에서 믿음이란 행한 일에 의해서(만) 증명될 수 있다고 말했다. 귀신들이 가지고 있는 하나님에 대한 '믿음'은 불충분하다. 그와 같은 허상적인 믿음은 행함이 전혀 동반되지 않았을 것이 분명하다.

2:20 야고보는 가상적 주어에 대해 긴 반박을 펼치지 않았다. 야고보 사도는 그를 간단하게, 그러면서도 강력한 어조로 부른다. "아아 허탄한 사람아." 그러고는 야고보 자신의 원래 논지로 되돌아간다. "행함이 없는 믿음이 헛것(아르게[ἀργή: 게으른, 태만한])인 줄을 알고자 하느냐" '허탄한'(케네[κενέ])이라는 형용사는 보통 '텅 빈', '공허한' 등으로 번역된다(참조, 1:26의 마타이오스[μάταιος: 무가치한, 열매 없는, 무용한]). 얄팍한 믿음은 죽은 것이다. 마찬가지로 공허하고 믿음이 없는 행함도 죽은 것이다. 야고보의 논점은 '행함-지지/믿음-반대'나 혹은 '믿음-지지/행함-반대'가 아니다. 그는 단지 진정한 믿음에는 선한 행실이 동반된다는 점을 말했을 뿐이다. 영적 행실은 진실한 믿음의 증거이지 그 활력소는 아니다.

3. 진정한 믿음의 실례들(2:21~26)

자신의 논지에 대한 최종적인 증거 자료로 야고보는 두 개의 성경적 본보기를 제시한다. 즉, 그는 존경받는 족장 아브라함과 구원받은 기생 라합이라는 각 본보기를 의문 형식으로 제시하면서 독자들의 즉각적인 동의를 기대한다.

2:21 "우리 조상 아브라함이 그 아들 이삭을 제단에 바칠 때에 행함으로 의롭다 하심을 받은 것이 아니냐." 이 질문은 종종 아브라함이 행함이 아니라 믿음으로 하나님으로부터 의롭다 여기심을 받았다는 바울의 진술(롬 4:1~5)에 정면으로 반대되는 것으로 받아들여진다. 하지만 바울은 믿음의 '우선권'을 주장했고, 야고보는 믿음의 '증거'를 주장했다. 바울은 아브라함이 믿음을 가졌고 그래서 할례받기 이전에(참조, 창 17:11; 롬 4:9) 이미 의롭다 여김을 받았다(창 15:6)는 사실을 선포했다. 한편 야고보는 아브라함의 믿음이 이삭을 희생 제물로 드리는 그의 행함(창 22:12)으로 증명되었으며, 그래서 그가 의롭다 여김을 받았다는 사실을 설명했다. 행함은 칭의의 계량기 역할을 하는 데 반해, 믿음은 칭의의 기초가 되는 것이다.

2:22~24 야고보는 '믿음과 행함이 함께 일한다'는 연대 기능을 강조한다. 믿음은 행함을 뒤에서 밀어주는 원동력이다. 행함은 믿음의 귀결이다. "온전하게 되었느니라"라고 번역된 동사 에텔레이오테($\acute{\epsilon}\tau\epsilon\lambda\epsilon\iota\acute{\omega}\theta\eta$)는 '목적에 도달하다'라는 의미를 갖는다. 믿음은 행함을 통해 그 완성을 보게 된다. 아브라함의 경우도 마찬가지다. 야고보와 바

울은 자신들의 논점(참조, 롬 4:3)을 증명해 보이기 위해 동일한 구절(창 15:6)을 인용했다. 바울은 아브라함이 믿음으로 의롭다 하심을 받았다고 말했으며, 야고보는 사람이 행함을 통해 확증된 믿음으로 말미암아 의롭다 하심을 받았다고 말했다.

2:25 "이와 같이"(호모이오스 데 카이[ὁμοίως δὲ καὶ: 문자적으로 '또한 역시 마찬가지로']) 기생 라합도 사자(앙겔루스[ἀγγέλους: 전달자])를 접대한 후 그들을 피할 수 있도록 도와준 자신의 행위 때문에 의롭다고 선언받지 않았는가?(수 2장; 6장)

2:26 결론은 아주 분명하다. 몸과 영혼이 서로 필수 불가결의 관계인 것처럼 믿음과 행함의 관계도 그러하다. "영혼" 혹은 '생기'(프뉴마토스 [πνεύματος])가 없다면(코리스[χωρίς]) 몸은 죽은 것이다. 이처럼 "행함"의 증거가 없다면 믿음은 죽은 것으로 간주된다. 이러한 일은 실제로 일어날 수 있는 일이 아니다. 진정한 믿음은 영적 성장과 발전에 끊임없이 기여할 수밖에 없기 때문이다.

신자는 시련과 유혹을 받는 중에도 하나님의 말씀 위에 확고히 서 있을 뿐 아니라(1장), 그리스도 안에 있는 형제자매들을 섬겨야 한다(2장). 또한 신자는 하나님의 모든 자녀를 편견 없이 영접해야 하며(1~13절), 행함이 있는 믿음으로 형제자매들을 도와야 한다(14~26절). 영적 성숙함에 도달하기 위해 신자는 하나님이 요구하시는 성품을 가진 사람이 되어야 하고, 또 하나님이 요구하시는 일들을 행해야 한다.

III. 조심해서 말하라(3장)

영적 성숙함을 측정할 수 있는 또 한 가지 장치는 신자의 말이다. 야고보는 부주의하고 타락한 혀 놀림을 공격하는 데 자기 편지의 상당 부분을 할애했다. 하지만 그는 자제하는 혀에 대해서만이 아니라(1~12절) 자제하는 생각에 대해서도(13~18절) 강조한다. 입술은 결국 마음에 연관되기 때문이다. 호소력 있는 연설은 슬기로운 지혜의 근원이 뒷받침되어야 한다. 이처럼 자제된 말과 잘 다듬어진 생각은 모두 필요한 것들이다.

A. 말을 자제하라(3:1~12)

야고보는 무익한 믿음에 관한 강론에서 무익한 말에 관한 토론으로 넘어간다. 이미 앞에서 언급된 바 있는(1:26) 혀를 재갈 먹이지 못하는 실패에 대해 더욱 길게 다루고 있다. 행함이 없는 믿음을 소유한 자들과 마찬가지로, 행함을 말로 대체시켜 버리는 그리스도인들도 큰 골칫거리다. 신자는 말을 자제해야 한다. 혀는 지체 중에서 작지만 그 위력은 대단하며, 특히 사람을 타락의 길로 몰아넣는 큰 힘을 지니고 있다.

1. 혀는 큰 위력을 가지고 있다(3:1~5)

3:1 다시 한 번 "내 형제들아"(이는 새로운 주제가 거론될 것임을 암시한다)라고 부르면서 야고보는 선생들의 증가 현상에 어느 정도 제재를 가해야 한다고 제안했다. 새로 개종한 유대 그리스도인 중 너무 많은 사람이 가르치는 일을 수행함으로써 랍비들이 가졌던 모종의 지위와 존경을 받고자 열망했던 것이 분명하다. 본 절의 언급이 사도적 혹은 예언자적 지위를 갖춘 정식 선생들에 대한 것으로 보기는 힘들다. 초대교회 당시에는 심지어 낯선 자들까지도 가르치는 일을 할 수 있을 정도로 대단히 관대한 분위기가 조성되었는데, 여기서 공격의 대상이 되는 선생들은 그러한 교회의 회당 집회에서 가르치던 비공식 선생들(디다스칼로이[διδάσκαλοι])일 것이다. 사실 바울도 방문자들에게 제공된 이러한 관용에 힘입어 가르치는 기회를 자주 얻을 수 있었다. 야고보는 단순히 많은 신자들이 앞에 나서서 말할 기회를 가짐으로써 자신들을 과시해 보이려는 일에 너무 몰두해 있다는 점을 불평하고 있을 뿐이다 (참조, 요 3:10; 9:40~41).

가르치는 일은 꼭 수행되어야 할 일이다. 그러나 가르치는 자는 자신의 책임을 이해하고 있어야 한다. 왜냐하면 선생 된 자들이 더 큰 심판을 받게 될 것이기 때문이다. 선생이 받을 정죄함이 더 큰 이유는, 그리스도인의 의무에 대한 분명한 지식을 가졌다고 고백한 자에게는 그 의무를 수행할 더 많은 책임이 있기 때문이다.

3:2 야고보가 자신은 제외한 채 다른 사람들을 향해서만 손가락질하는 것은 아니다. "우리가 다 실수가 많으니." 어디를 막론하고 붙어 다니는

이 조그만 혀만큼 그리스도인을 걸려 넘어지게 하는 것도 없다. 만일 한 신자가 말에 실수가 없으면(문자적으로 '넘어지지 않으면'), 그는 온전한 사람(텔레이오스 아네르[τέλειος ἀνήρ: 완벽한, 성숙한, 완전한 사람])이다. 혀는 능히 자기 온몸도 굴레 씌울 수 있다. 따라서 영적 성숙은 길들여진 혀를 필요로 한다.

3:3~5 혀는 작지만 그 영향력은 대단하다. 세 가지의 비유가 이 사실을 분명히 해 준다. 재갈과 말(馬), 키와 배, 작은 불과 숲. 자연 현상들로부터 비유를 이끌어 내는 야고보의 방법은 예수님의 방법과 유사하다. 이는 또한 유대 사상의 전형적 방법이다. 본 구절에서 사용되는 헬라어는 고전적이며 웅변적이다. 야고보는 유대적 전통에 푹 젖어 있으면서도 고전적 헬라어의 운치도 십분 발휘했다.

논지는 분명하다. 작은 재갈이 말을 이끌고, 작은 키가 큰 배를 인도하며, 작은 불꽃이 전 숲을 태워 버리듯이, "혀도 작은 지체로되 큰 것을 자랑하도다." 이처럼 혀는 크기는 작아도 그 힘은 매우 강력하다.

2. 혀는 길들이기가 힘들다(3:6~8)

3:6 혀는 큰 위력을 가지고 있을 뿐 아니라 길들이기가 아주 힘들다. 혀는 작으면서도 그 영향력은 대단하다. 그러나 더 큰 문제는 그것이 사단적이요 강한 전염성을 가질 수 있다는 점이다. "혀는 곧 불이요(참조, 잠 16:27; 26:18~22) 불의의 세계"다. 혀는 우리 몸의 지체 중에서 온몸을 부패하게 하거나 오점을 남기거나 더럽히는(스피루사[σπιλοῦσα]. 참조, 1:27의 아스필론[ἄσπιλον: 흠 없는]), 그리고 생

의 바퀴(톤 트로콘 테스 게네세오스[τὸν τροχὸν τῆς γενέσεως: 문자적으로 '존재의 바퀴', '출생의 바퀴'])를 불사르는 모습으로 그 자리를 잡는다(카티스타타이[καθίσταται]. 혀는 마치 자연의 바퀴의 중심 혹은 중추에 위치한 것과도 같으며, 그 바퀴는 불꽃놀이에서 보여 주듯이 그 중심에서부터 불붙어 나간다. 그 바퀴는 타면 탈수록 더 빨리 돌아가며, 마침내는 바퀴 전체가 불꽃을 튀며 회전하다 사방으로 불꽃을 튕겨 낸다. 그러나 혀는 단지 퓨즈에 불과하다. 죽음의 불의 근원은 지옥 그 자체다(문자적으로 '게헨나', 예루살렘 남쪽 힌놈 골짜기에 있는 장소로, 그곳에서는 인신[人身] 제물이 드려졌으며[렘 7:31], 또한 쓰레기를 계속 태우는 장소여서 불못이라는 비유에 딱 어울리는 장소가 되었다).

3:7 혀는 걷잡을 수 없는 불뿐만 아니라 길들여지지 않은 짐승과도 같다. 모든 종류의 야생 동물("여러 종류의 짐승과 새와 벌레와 바다의 생물")은 모두 사람이 길들이므로 사람에게(푸시스[φύσις: 문자적으로 '인간 본성']) 길들여지고 있다(문자적으로 '동물적 본성'이 '인간 본성'에 길들여진다). 그러나 어떤 인간도 혀는 길들일 수 없다!

3:8 아무도 혀는 길들일 수 없다. 왜냐하면 혀는 정함이 없는 악, 다시 말해서 (1:8의 "정함이 없는 자"와 같이) 제어하기 어렵고 동요하기 쉬우며 갈팡질팡하고 비틀거리는 악이다. 게다가 혀는 "죽이는 독이 가득한 것"이다(참조, 시 140:3). 독사의 독과 마찬가지로 혀는 증오와 죽음을 좌지우지하는 험담의 독을 품고 있다.

3. 혀는 더럽혀져 있다(3:9~12)

3:9~10 독사의 둘로 갈라진 혀와 같이, 자제하지 않은 사람의 혀는 찬송을 발하는 동시에 저주도 내뱉는다. 주 아버지(하나님에 대한 이 칭호는 신약성경 전체를 통해 여기서만 나타나고 있다)에 대한 '찬송'(율로구멘[εὐλογοῦμεν: 좋은 말 하는 것])이 하나님의 형상대로 지음을 받은 사람(참조, 창 1:27; 9:6; 골 1:10)에 대한 '저주'(카타로메타[καταρώμεθα: 악을 기원하는 것])에 의해 더럽혀진다. 찬송과 저주가 한 입으로부터 나온다는 것은 올바른 일이 아니다. "내 형제들아 이것이 마땅하지 아니하니라."

3:11~12 야고보는 다시 한 번 자신의 논점을 자연 현상으로 돌린다. 그는 부정적인 대답을 예상하면서 다음과 같은 질문을 던진다. "샘이 한 구멍으로 어찌 단(글루쿠[γλυκύ]) 물과 쓴(피크론[πικρόν]) 물을 내겠느냐 어찌 무화과나무가 감람 열매를, 포도나무가 무화과를 맺겠느냐." 물론 불가능하다. 마찬가지로 소금(할뤼콘[ἁλυκόν])이 물을 달게 하는 것도 불가능하다(개역개정에는 "이와 같이 짠 물이 단 물을 내지 못하느니라"로 번역되었다—옮긴이). 요점은 분명하다. 신자의 혀는 이러한 모순의 도구가 되어서는 안 된다.

작으면서도 그 영향력은 대단한 혀를 자제해야 한다. 사단적이면서도 전염성이 강한 이 혀는 울타리를 쳐서 격리시켜야 한다. 짜고 정함이 없는 혀는 깨끗이 씻겨야 한다.

B. 마음속의 생각을 잘 다스리라(3:13-18)

바른 말의 열쇠는 바른 생각이다. 혀는 입술과 이의 우리 안에 갇혀 있지만 여전히 이리저리 빠져나간다. 입술과 이의 우리에 잠긴 자물통을 지키는 것은 지성이 아니다. 그것은 지혜, 즉 온유와 자비와 화평의 특징을 지닌 지혜다.

1. 지혜는 온유하다(3:13)

3:13 야고보는 수사학적 질문을 던지고 있다. "너희 중에 지혜와 총명이 있는 자가 누구냐." '지혜'(소포스[σοφός]. 참조, 1:5의 소피아스 [σοφίας])는 삶의 실제 문제에서 도덕적 통찰력과 단련된 자세를 소유한 자를 묘사한다. '총명'(에피스테몬[ἐπιστήμων])은 지각력과 과학적 통찰력을 뜻한다.

"그는 … 그 행함을 보일지니라." 아무리 지혜가 많아도 그것이 삶에 나타나지 않는다면 그 지혜는 무의미하다. 지혜는 학위에 따라 측정되는 것이 아니고 행위에 따라 측정된다. 지혜는 강의 시간에 진리를 배우는 것과 관련이 있는 것이 아니고 진리를 삶에 적용시키는 것과 관련되어 있다. 선한 삶과 행위들은 지혜로운 겸손 혹은 '지혜로운 온유함'(프라우테티 소피아스[πραΰτητι σοφίας])으로 가장 잘 묘사된다. 진정으로 지혜로운 자는 온유하다.

2. 지혜는 자비롭다(3:14~16)

3:14 진정한 지혜는 독한 시기('극심한 질투')나 이기적 야심(에리테이안[ἐριθείαν: 당파적 경쟁심], 개역개정에서는 다툼으로 번역되었다. 에리튜오[ἐριθεύω: 양털을 방적하다, 따라서 개인적 수입을 위해 일하는 것을 암시한다]로부터 나온 단어다)과는 전혀 거리가 멀다. 참된 지혜는 자랑삼아 떠벌일 것이 아니다. 그러한 모양으로 자랑하는 것(카타카우카스테[κατακαυχᾶσθε: 문자적으로 '우쭐대다', '기뻐 날뛰다'])은 진리를 거스르는 것이다.

3:15~16 시기와 다툼은 그것을 일으키는 자의 지혜가 위로부터 내려온 것이 아니요(참조, 1:17), 땅 위의 것이요, 정욕의 것이요(프쉬키케[ψυχική: 자연적인, 물리적인]), 귀신의 것(다이모니오데스, δαιμονιώδης)이라는 사실을 분명히 보여 주는 지표다. 시기와 이기적 야심(혹은 경쟁심)은 소란(혹은 무질서)과 모든 악한 일을 야기할 뿐이다. 진정으로 현명한 사람은 영광이나 (개인적) 이득을 추구하지 않는다. 그는 자비로우며 베푸는 일에 힘쓴다.

3. 지혜는 화평을 이룬다(3:17~18)

3:17 "위로부터"(참조, 1:17) 난 지혜는 첫째 성결하고(하그네[ἁγνή: 거룩하고]), 다음에 화평하고 관용하고(관대하고) 양순하며(유페이테스[εὐπειθής: 간청에 잘 응하는], 이 단어는 신약성경 전체 중 여기서만 사용되었다) 긍휼과 선한 열매가 가득하고 편견과(문자적으로 '애매하

지 않게'. 참조, 1:16의 "속지 말라") 거짓이 없다.

3:18 화평은 의의 열매를 생산해 내는 씨앗이다. 진정으로 지혜로운 자는 화평의 사람이다. 영적 성숙함이요 실천적 거룩함인 '의'(이는 본 서신의 주제다)를 이루기 위해 신자는 주의해서 말하는 법을 배워야 한다. 설득력 있는 연설은 지혜로운 정신으로부터 나온다. 자제된 혀는 잘 교화된 생각의 결과다. 찬송으로 가득 찬 입술은 순결함으로 가득 찬 마음에서 생겨나는 결과다.

신자는 확고한 신념 위에 서 있어야 하고(1장), 긍휼히 여기는 마음을 가지고 섬겨야 하며(2장), 조심해서 말해야 한다(3장). 신자는 하나님이 요구하시는 성품의 사람이 되어야 하고, 하나님이 요구하시는 일들을 행해 나가야 하며, 또한 하나님이 요구하시는 대로 말해야 한다.

Ⅳ. 통회하는 마음으로 굴복하라(4장)

싸움, 다툼, 정욕, 미움, 시기, 자만심, 그리고 죄와 같은 단어들은 마치 잉크 얼룩처럼 야고보서의 이 부분을 얼룩지게 한다. 3장 마지막을 마무리 짓는 구절인 "화평하게 하는 자들은 화평으로 심어 의의 열매를 거두느니라"와 아주 대조적으로, 4장은 '싸움과 다툼'이라는 말로 시작된다. 야고보는 이러한 천박한 행위에 대해 용맹스럽게 맞서 나갔다. 더 나아가 그는 영적 성장과 성숙에 너무도 유해한 폭풍우를 어떻게 진정시킬 것인지에 대해 분명한 충고를 해 준다. 신자는 증오심을 온유함으로, 판단을 공의로, 자랑을 신앙으로 바꾸어 나가야 한다.

A. 시기심을 버리고 겸손한 마음을 가지라(4:1~6)

예수님을 따르는 자들 사이에서 다툼이 일어나는 현실은 야고보를 매우 분개하게 했다. 이 부분에서 보이는 그의 어조의 신랄함은, 야고보가 흔히 본 서신의 다른 부분에서 자주 사용하는 "내 형제들아"라는 호칭이 결여되었다는 사실에 의해 더욱 가중되고 있다. 그는 다툼의 원인을 들추어낸 후, 그러한 다툼의 결과들을 개괄하고 그 다툼을 치유하는 법을 제안했다.

1. 다툼의 원인(4:1~2)

4:1 야고보는 이 새로운 부분을 자기 특유의 수사학적 질문으로 시작한다. "너희 중에 싸움이 어디로부터 다툼이 어디로부터 나느냐." '싸움'(폴레모이[πόλεμοι: 문자적으로 '전쟁 상태'])과 '다툼'(마카이[μάχαι: 문자적으로 개인적인 논쟁 혹은 '투쟁'])은 어디로부터 오는가? 야고보는 자신의 이 질문에 대해 다음과 같이 답했다. "너희 지체 중에서 싸우는 정욕으로부터 나는 것이 아니냐." 싸움은 인간 내부의 세속적 욕구 혹은 쾌락(헤도논[ήδονῶν]. 참조, 3절)으로부터 생겨난다. 쾌락을 인류 최대의 목표로 삼은 플레이보이의 철학인 쾌락주의는 아직도 사람들의 마음속에서 전쟁을 수행하고 있다.

4:2 전쟁은 불법적인 욕망의 열매다. 욕심은 살인을 초래한다. 시기는 열렬히 추구하던 열망을 얻지 못하는 좌절감으로 귀결된다. 이 모든 것은 '다툼'과 '싸움', 즉 사람을 상대로 한 투쟁으로 이어진다(참조, 1절). 2절 하반절은 3절 이하와 연결시켜 이해하는 것이 가장 적절하다. "너희가 얻지 못함은 구하지 아니하기 때문이요." 야고보는 욕망이 만족을 얻지 못하는 이유가 사람이 그러한 열망을 채워 달라고 하나님께 구하지 않았기 때문이라고 주장하는 것이 아니다. 그는 단순히 시기심 많은 인간의 마음속에 깊숙이 뿌리 박혀 있는 투쟁의 분명한 근원을 보여 줄 뿐이다.

2. 다툼의 결과(4:3~4)

4:3 그리스도인이 자신의 정당한 필요를 채우는 올바른 방법은 하나님

께 구하는 것이다. 신자가 자신이 구하는 것을 받지 못하는 한 가지 이유는 그가 '잘못된 동기에서'(카코스[κακῶς: 문자적으로 '악하게' 혹은 '그릇되게']) 구하기 때문이다. '구하다'라는 동사는 중간태로서 '자신을 위해 구하다'라는 의미를 갖는다. 이 동사의 목적적 부사절이 그 의미를 더욱 분명히 해 준다. (네가 얻은 것을) "정욕으로 쓰려고." '쓰다'라는 동사는 '낭비하다'로 번역될 수 있다. '정욕'은 헬라어 헤도니아이스(ἡδοναῖς: 쾌락)를 번역한 것이다(참조, 1절). 하나님은 '쾌락적 낭비'를 위해서는 결코 주시지 않을 것이다.

4:4 통상적인 "내 형제들아" 대신 야고보는 "간음한 여인들아"라고 성난 어조로 말하고 있다. 그는 또다시 질문을 던진다. "세상(참조, 1:27의 세상)과 벗된 것(필리아[φιλία])이 하나님과 원수 됨을 알지 못하느냐." 그리고 그는 또 덧붙인다. "누구든지 세상과 벗이 되고자 하는 자는 스스로 하나님과 원수 되는(문자적으로 '원수로 세워지는') 것이니라." 즉, 세상과 벗 되는 결과는 빈털터리보다 더 나쁜 처지에 빠지게 되는 것이다. 세상과 부당한 관계를 가진 완악한 그리스도인은 결국 하나님과 원수가 된다.

3. 다툼을 치유하는 법(4:5~6)

4:5 본 절은 야고보서 전체를 통해 번역하기 가장 힘든 절 중 하나다. 문자 그대로의 번역은 다음과 같다. '혹은 너희가, 성경이 말한 대로 시기가 너희 가운데 거하도록 만들어진 영을 사모하나, 그는 큰 은혜를 주신다고 한 것이 헛된 줄로 생각하느냐?' 여기서 '영'은 성령인가 아니

면 인간의 영인가? 그 영은 '사모한다'라는 동사의 주어인가 아니면 목적어인가? '시기'는 '옳지 못한 열망'인가 아니면 '공의로운' 질투심인가? 여러 가지 번역이 가능하다. (a) '너희 안에 거하시는 성령께서 (너희를) 질투하기까지 사모하시며, 그래서 그는 더욱 많은 은혜를 베푸신다.' (b) '그는 (즉, 하나님은) 너희 안에 거하시는 성령을 질투하기까지 사모하시며, 그래서 그는 보다 많은 은혜를 베푸신다.' (c) '너희 안에 거하는 (인간의) 영은 질투하며 사랑하지만, 그러나 그는 (즉, 하나님은) 더욱 많은 은혜를 주신다.' NIV는 마지막 가능성을 따른다. '혹은 너희가, 하나님이 너희 안에 거하도록 한 (인간의) 영이 질투하는 경향이 있지만 그는 우리에게 더 많은 은혜를 주신다(6절 상반절까지 포함)고 생각하느냐?'(개역개정은 첫 번째 가능성을 따른다. "너희는 하나님이 우리 속에 거하게 하신 성령이 시기하기까지 사모한다 하신 말씀을 헛된 줄로 생각하느냐?"—옮긴이)

문장의 번역만이 문제가 아니라 본 구절이 성경에서 발췌된 것이라고 뚜렷하게 시사되는 것도 문제로 대두된다. "너희는 … 하신 말씀을 헛된 줄로(케노스[κενῶς]) 생각하느냐?"라는 전형적으로 수사학적인 야고보의 질문은 새로운 부분을 시작하는 도입구다. 이 질문에 포함되어 있는, 문제의 애매한 문장은 성경으로부터의 직접적인 인용이 아니다. 그보다는 아마도 야고보가 어떤 다른 종교 서적이나 오늘날 알려져 있지 않은 어떤 헬라어역 구약성경을 인용했거나, 단순히 일반적인 의미에서의 성경을 지칭한 것으로 추정된다. 그보다 더 타당성 있는 추정은 그가 잠언 3:34에서 인용한 것이 분명한 6절의 인용구(즉, "하나님이 교만한 자를 물리치시고 겸손한 자에게 은혜를 주신다." 이 구절은 베드로전서 5:5에서도 인용된다)에 초점을 맞추고 있다고 보는 것이다.

4:6 5절과 관련해서 풀리지 않은 채로 남아 있는 문제가 있다 할지라도, 6절의 분명한 진리에 대해서는 어떤 문제도 제기할 수 없다. "하나님이 교만한 자를 물리치시고." '물리친다'라는 단어는 헬라어로 안티타스세타이(ἀντιτάσσεται)인데 '대항해 전투하다'는 의미를 갖는 군사 용어다. 하지만 하나님은 "겸손한 자에게 은혜를 주신다." 신자가 시기하려는 자신의 인간적인 영을 대항하라고 부름을 받았든지 아니면 각 신자의 교회를 시기하기까지 사모하는 성령 안에서 기뻐하라고 부름을 받았든지, 그 부르심은 자만심을 버리고 하나님의 권위에 겸손히 복종하라는 것이다. 다툼을 치유하는 법은 하나님의 무조건적인 은총에 의해 보상받는 겸손한 영을 소유하는 데 있다. 야고보는 7~12절에서 겸손함이 화평을 이루는 공의와 어떻게 관련되어 있는지를 보여 준다.

B. 판단하는 마음을 버리고 공의로운 마음을 가지라(4:7~12)

야고보가 보낸 이 편지의 수신자인 유대 그리스도인들은 다투고 시기하는 것뿐 아니라 정죄하고 판단하는 경향까지 있었음이 분명하다. 하나님이 요구하신 것은 판단이 아니라 공의다. 곧고 공의로운 관계는 영적 성장에서 필수다. 야고보는 공의에 관한 예리한 충고와 공의의 명백한 유익이 무엇인지 제시했으며, 공의의 출처가 누구인지 분명하게 밝히고 있다.

1. 공의에 관한 충고(4:7~9)

4:7 7~9절에서는 일련의 명령들(10개의 부정 과거 명령형)이 나타나는데, 만일 이 명령들을 따른다면 주 안에서의 일치와 거룩함을 이루어 나가는 데 큰 도움이 될 것이다. 야고보는 복종하고(7절) 성결하게 하며(8절) 슬퍼하고 애통할 것을(9절) 요구한다.

자석과 마찬가지로 헌신에 대한 요구는 긍정의 극과 부정의 극 양면을 가지고 있다. "너희는 하나님께 복종할지어다 마귀를 대적하라." '복종하다'는 '종속되다' 혹은 '복종케 하다'라는 의미를 갖는 군사 용어다. '대적하라'(안티스테테[ἀντίστητε])는 '대항하는 자세를 취하라'는 의미를 갖는다. 마귀에게 대항하는 자세를 취하고 있으면 마귀는 "너희를 피하리라."

4:8 한편 하나님께 가까이 가면 그분은 "너희를 가까이하시리라." 하지만 하나님께 가까이 가기 위해서는 먼저 성결이 필요하다. "죄인들아 손을 깨끗이 하라 두 마음을 품은 자들아 마음을 성결하게 하라." '깨끗이 하라'와 '성결하게 하라'는 두 동사는 모두 유대 그리스도인들에게 설득력 있는 성결 의식을 지칭하는 어휘들이다. 성결의 필요성은 야고보가 자기 독자들을 부르는 호칭, 즉 "죄인들아"와 "두 마음을 품은 자들아"(디프코이[δίψυχοι]. 참조, 1:18)로부터 명백해진다.

4:9 성결에 대한 엄청난 필요성을 인식한 자는 전혀 흥겨워할 여유가 없다. "슬퍼하며(문자적으로 '괴로워하다') 애통하며 울지어다"는 야고보의 거리낌 없는 충고다. "너희 웃음을 애통으로, 너희 즐거움을 근심

(문자적으로 '시선을 떨굼', '눈을 내리깔다')으로 바꿀지어다." 죄를 고백하는 통회의 영은 하나님의 성결에 필수 요건이다.

2. 공의의 유익(4:10~11)

4:10 문제의 열쇠는 겸손이다. "주 앞에서 (너희 자신을) 낮추라 그리하면 주께서 너희를 높이시리라." 올라가는 길은 곧 내리막길이다. 자기를 낮추는 자는 높임을 받는 자가 된다. 겸손함에는 눈에 보이는 유익이 있다. 즉 겸손함은 결과적으로 영광을 가져온다.

4:11 서로 비방하고 판단하는 것은 하나님이 바라시는 겸손한 영과 전혀 어울리지 않는다. 더욱이 다른 사람을 판단하는 것은 실제로 하나님의 율법 자체에 대한 판단이다. 하나님의 율법은 모든 사람에 대한 명령이다. 아무도 감히 율법에 대해서 오만한 태도를 취할 수 없다. 비방하는 자는 율법대로 선고받는다. 스스로 세운 재판자는 율법에 의해 위기에 봉착한다. 오직 겸손한 자만이 존귀하게 된다. 진정한 공의는 자신을 겸손과 순종함으로 하나님께 굴복시킬 때 얻을 수 있다.

3. 공의의 출처(4:12)

4:12 오직 한 분만이 율법 위에 계시다. 그분만이 율법을 고치거나 번복할 권한을 가지신다. 하나님은 유일한 입법자시요 재판자시다. '입법자'는 복합명사로 신약성경 전체에서 여기에만 사용되었다(노모테테스[νομοθέτης]: 노모스[νόμος: 법]와 티테미[τίθημι: 놓다, 배치하

다, 제정하다, 규정하다]의 복합명사). 하나님은 율법을 제정하셨을 뿐 아니라 또한 그 율법을 관리하신다. 그분은 신(神) 정부의 행정부와 사법부 직책을 공히 담당하신다. 하나님은 왕이시다. 그분은 자신의 율법을 제정하시고 선포하신다. 하나님은 재판자이시다. 그분은 자신의 율법을 유지시키시며 강화시키신다. 또 능히 구원하기도 하시며 멸하기도 하신다. 율법을 만드신 분은 오직 한 분이시다. 그 율법에 대한 재판자도 한 분이시며, 율법의 정죄함으로부터 구원할 이도 오직 한 분뿐이시다. 야고보가 유대인 독자들에게 잘 알려져 있던 이 진리를 되새겨 주는 것은 그들의 오만한 태도와 판단하는 행동을 공격하기 위함이다. 그런데도 "너는 누구이기에 이웃을 판단하느냐"라고 다시 한 번 나오는 것은 야고보의 전형적이고 예리한 수사학적 질문이라고 할 수 있다. 겸손한 태도와 공정한 행동은 영적 성장에 필수적이다. 그런 다음 야고보는 삶의 이와 같은 고귀한 모습들이 어떻게 헛된 자랑을 제압해 나갈 것인지에 대해 설명해 나간다.

C. 자랑하는 마음을 버리고 믿음을 가지라(4:13~17)

형제들 간에 다투고 서로 판단하는 행위들에 덧붙여 자랑하는 풍조가 널리 퍼져 있었던 것이 분명하다. 야고보는 자랑스럽게 하는 말의 본보기를 제시한 후, 그와 같은 자랑하는 풍조를 호되게 정죄함과 동시에 자랑하는 습관을 고칠 수 있는 실제적인 해결책을 제시한다.

1. 자랑하는 자가 하는 말(4:13)

4:13 야고보의 공격은 직선적이다. "들으라"는 문자적으로 '자 이제 가라'이다. 이 도입구는 5:1에서도 나타나는데, 이는 신약성경에서 야고보만 유일하게 사용하는 회화체 표현이다. 이 감탄사는 독자를 자극해 관심을 총 집중시키는 효과를 가져온다. 야고보에 의해 공격을 당하는 자들은 하나님과는 전혀 관계없이 자신들의 계획을 수립해 나가는 전형적인 상인이다. 그들은 자신의 여행 계획에 대해서 자기 단정적이다. "우리가 어떤 도시에 가서." 자신의 시간 계획에 대해서는 자기 확신적이다. "거기서 일 년을 머물며." 또한 자신의 교역 관계에서 자기중심적이다. "장사하여 이익을 보리라." '장사하여'는 복합동사인데(엠포류소메타[ἐμπορευσόμεθα]: 엔[ἐν: …안에]과 포류오마이[πορεύομαι: 가다]의 복합어), 이로부터 영어 단어 'emporium'(큰 상점, 백화점)이 유래했다. 이 동사는 명사 엠포로스(ἔμπορος)와 연관되어 있는데, 이 명사는 '상인', '무역가', '순회 판매원' 혹은 '이곳저곳에서 사고파는 자'로 번역될 수 있다. 야고보가 바로잡으려고 시도했던 유대 상인의 생생한 모습은 '이익을 보는 것'을 기본 목표로 삼고 순회하며 장사를 하는 수완 좋은 판매원이다.

2. 자랑하는 자에 대한 판결(4:14)

4:14 이러한 이기적인 장사꾼들에게 야고보는 간단히 말한다. "내일 일을 너희가 알지 못하는도다." 인간의 계획은 언제나 암시적이다. 인간의 계획은 자신의 것이 아니다. 시간도 자신의 것이 아니다. 사실 생

명까지도 자신의 것이 아니다. 이제 야고보는 그의 유명한 질문을 하나 더 던진다. "너희 생명이 무엇이냐?" 그 대답은 안개(수증기, 한 번 획 쓰어지는 증기)다. 신자들은 땅 위에 머무는 동안 이 경건한 안목을 가질 필요가 있다. 이기적이고 뽐내고자 하는 마음으로부터 자랑하는 버릇이 생겨나 걷잡을 수 없는 상태에 이르게 된다.

3. 자랑하는 버릇에 대한 해결책(4:15~17)

4:15 자랑을 피하는 열쇠는 경건한 안목을 계속 유지해 나가는 것이다. 인간적인 차원에서 거대한 계획을 수립하는 것보다는 오히려 자신의 시야를 넓혀 자기 계획의 그림 속에 하나님을 포함시켜야 한다. 헛된 자랑 대신에 신자는 "주의 뜻이면 우리가 살기도 하고 이것이나 저것을 하리라"라고 말해야 한다. 이러한 입장은 몇 마디 매력 있는 말을 하는 것으로 그쳐서는 안 되며 신자 자신의 존재와 행동 모두에 영향을 미치는 실질적인 태도로 발전해야 한다.

4:16 독자들의 이해를 더욱 분명히 하기 위해 야고보는 "허탄한 자랑은 다 악한 것이라"는 사실을 되풀이해서 말한다. 자기중심적인 허풍은 하나님을 경외하는 신뢰로 대체돼야 한다. 자랑하는 버릇에 대한 해결책은 신앙이다.

4:17 본 절은 4장 전체의 결론으로 볼 수 있다. 그럴 경우 "그러므로 사람이 선을 행할 줄 알고도 행하지 아니하면 죄니라"는 자랑하는 문제뿐 아니라 지금까지 본 서신에 제시된 모든 충고에도 함께 연관된다. '그러

므로'(운[οὖν])가 이러한 주장을 지지해 준다. 야고보의 독자들은 무지를 내세워 변명할 수 없다. 본 서신은 선을 행하라는 권면으로 가득 차 있다. 이러한 권면에 따르지 않는 것은 분명히 죄다.

영적 성숙함에 이르기 위해 신자는 자신이 지금 알고 있는 선을 행해야 한다. 그는 시련과 유혹을 만나도 하나님의 말씀 위에 확고히 서 있어야 한다. 신자는 자기 형제들을 긍휼히 여기는 마음으로 아무런 편견이나 차별 없이 실천적인 믿음을 가지고 섬겨야 한다. 신자는 자제하는 혀와 지혜롭고 단련된 생각을 가지고 주의해서 말해야 한다. 신자는 겸손한 영과 공의로운 행동과 신뢰하는 마음을 가지고 전능하신 아버지이자 입법자이며 재판자이신 하나님께 통회함으로 복종해야 한다. 신자는 하나님이 자기에게 요구하시는 성품을 가진 사람이 되어야 하고, 하나님이 자기에게 요구하시는 일들을 행해야 하며, 하나님이 자기에게 말하라고 요구하시는 대로 말해야 하고, 하나님이 깨달으라고 요구하시는 대로 깨달아야 한다.

V. 관심을 가지고 서로 나누라(5장)

야고보는 자신의 장차 계획이 성공적인 것처럼 보이는 자들, 즉 이득을 남겼을 뿐 아니라 자신이 축재한 재산도 대단하다고 생각하는 자기중심적인 상인들에 대해 계속해서 공격을 가한다. 야고보는 그와 같은 재물이 쓰레기와 같다고 선언한다. 영적 증대는 재산의 축적이나 재물에 있는 것이 아니고 서로 나누어 가지는 데서 나타난다. 재물 때문에 무정한 행동의 제물이 되었던 자들이나 그와 유사한 짧은 안목의 목표를 세우는 데 유혹을 받던 자들에게 야고보는 인내하라고 촉구한다. 마지막으로 야고보는 모든 신자, 즉 축복받은 자들이나 무거운 짐을 진 자들이나 낙심한 자들 그 누구를 막론하고 찬송하고 기도하며 확신에 거할 것을 간청하고 있다.

야고보의 결론은 나누는 일에 초점을 맞추고 있다. 소유를 나누고, 인내함을 나누며, 기도를 함께 나누는 일이다.

A. 소유를 나누어 가지라(5:1~6)

4장 결론 부분에서 시작된 공격은 5장에서도 계속되는데, 5장에서는 더욱 집중적이며, 정죄함까지 동반한다. 부한 자들은 비난의 대상이 되고 있다. 야고보는 모든 부한 자, 즉 신자들이나(참조, 1:10) 불신자들을(참조, 2:6) 모두 포함시킨 것으로 보인다. 잘못을 고치라는 권고는 전혀 나타나지 않는다. 단지 축재한 부가 극심한 고생을 몰고 올 것이고 그 부가 결국은 썩고 말 것이며, 최종적으로는 정죄함을 초래하리라는 엄한 경고만이 나타난다.

1. 부한 자들에 대한 경고(5:1)

5:1 4:13에서 사용된 감탄사가 5장을 시작하는 데 다시 사용되고 있다. "들으라"(문자적으로 '자 이제 가라'). 자주 시기의 대상이 되는 부한 자들이 야고보에게는 조소와 정죄의 대상이 되고 있다. 그는 조만간 썩을 수밖에 없는 재물에 자신들의 콧대 높은 신뢰를 두는 자들의 기를 꺾어 버린다. "울고 통곡하라"는 '울음을 터뜨리라'(클라우사테 [κλαύσατε], 4:9에서도 쓰인다)와 '큰 슬픔으로 울부짖다'(올롤루존테스 [ὀλολύζοντες], 신약성경 전체 중 여기서만 사용되는 의성 동사)로 더욱 정교하게 번역될 수 있다. 그리고 돈은 단지 일시적인 즐거움을 가져다 줄 뿐이다. 부는 결국 고생(탈라이포리아이스[ταλαιπωρίαις]: 탈라오 [ταλαω: 참다, 견디다]와 포로스[πωρος: 피부경화증 혹은 담석]로부터 유래된 단어)을 초래하기 때문이다.

2. 썩어질 재물(5:2~3)

5:2~3 재물은 썩었고 좋은 옷은 좀 먹었다. 이 이야기는 '누더기 신세에서 부자로'가 아니고 '부자에서 누더기 신세로' 전락하는 것을 의미한다. 금과 은은 오랜 세월 동안 세상에서 물질의 기준으로 여겨져 온, 사람들이 가장 갖고자 하는 금속이다. 이 금속들은 비록 녹슬지는 않지만 부식된다(개역개정에서는 '녹이 슬다'로 번역되었다-옮긴이). 금은 그

색깔이 어두워지며, 은은 변색된다. 금과 은이 이처럼 '부식'되는 것은 (이오스[ἰός: 혹은 독]. 참조, 3:8; 롬 3:13) 부자의 어리석은 생각에 대한 증거가 되며, 결국에는 그들의 살을 불같이 소멸시켜 버릴 것이다. 금속이 그 광택을 잃는 것과 마찬가지로 탐욕의 독은 사람을 좀 먹는다. 재물의 부패는 부유한 자의 고생에 대한 증거다. 말세에 대비해 재물을 축적하는 것은 재물 때문에 파멸할 자신을 태울 불에, 더욱 많은 연료를 제공하는 행위다.

3. 재물로 인한 정죄(5:4~6)

5:4~5 정죄받는 것은 재산 그 자체가 아니라 재산에 대한 탐욕스러운 태도와 그 재산을 모으기 위해 행했던 불미스러운 행동들이다. 하나님은 부정한 수단으로 지급하지 않은 삯과 부자들에게 압박받던 노동자들이 일으키는, 불의를 항거하는 부르짖음에 대해 귀를 막지 않으신다. 유대 그리스도인들은 임금을 묶어 두는 것과(레 19:13; 신 24:15) 가난한 자를 억압하는 것을(잠 3:27~28; 아 8:4~6; 말 3:5) 금하는 하나님의 율법을 잘 알고 있었다. 사치하고(에트뤼페사테[ἐτρυφήσατε: 편안한 생활을 하다], 신약성경 전체를 통해 여기서만 사용되었다) 방종하는(에스파타레사테[ἐσπαταλήσατε: 방탕하게 살다], 디모데전서 5:6과 여기서만 사용되었다) 삶은 살륙당하기 위해 살찌는 것과 마찬가지다. 이 풍자적인 비유는 많은 살찐 양과 소들이 희생 제물로 바쳐지기 위해 기다리는 모습을 자주 봐 왔던 유대인 독자들에게 아주 실감나는 것이었다.

5:6 더욱 많은 재산을 긁어모으는 가운데 부자들은 법정에서의 영향력을 이용해 재판 과정에서 자기들에게 아무런 저항도 하지 않은 옳은 자(혹은 '무고한 자', 이는 아마도 어떤 개인을 지칭한다기보다는 아마도 특정 계급의 사람들을 지칭하는 것으로 보인다)를 죄 있다고 판결하도록 유도했고, 심지어는 사형선고를 내리게 하는 죄까지 범했다. 돈에 대한 애착으로 시작한 행동이 마침내는 살인을 하고서도 무감각한 상태에 빠지게 만들었다.

영적 성장을 추구하는 신자는 자신을 위해 부를 축적하는 일에 사로잡히지 말아야 한다. 이와 반대로 자신의 소유를 하나님의 영광과 다른 사람들의 유익을 위해 나누어 가져야 한다.

B. 인내함을 나누라(5:7-12)

야고보는 부한 자들에 대한 언급을 일단락하고 이제 오래 참지 못하는 자들에게로 관심을 돌린다. 오래 참지 못하는 자들에 대해 그는 또다시 "형제들아"라는 친근한 호칭을 사용한다. 그의 어조 또한 엄한 정죄의 어조에서 부드러운 위로의 어조로 바뀌고 있다. 부한 자들에 대해서는 신랄한 비난을 퍼붓던 그가 감수성이 예민한 이들에 대해서는 용기를 북돋워 준다. 그는 자기 형제들에게 인내할 것을 호소한다. 그는 인내의 본질을 규정하고 인내의 본보기들을 열거한 후 인내의 증거에 대해 간단히 진술한다.

1. 인내의 본질(5:7~9)

5:7 사악한 부자들에게 임할 심판에 대한 직접적인 추론으로서 야고보는 "그러므로 … 길이 참으라"라고 말한다. '길이 참으라'(마크로투메사테[μακροθυμήσατε])는 '긴'(마크로스[μακρος])과 '분노'(투모스[θυμος])의 합성에 의해 생긴 동사다. 그 뜻은 분노를 표출하는 시간 조정 장치를 오랜 시간 후로 조정해 둔다는 것이다. 오랫동안 생각하라. 인생의 경주에서 마지막 바퀴에 초점을 맞추라. 도화선의 길이를 길게 해 두어라. 주의 강림을 내다보아라. 인내의 본질은 필요한 비와 그리고 궁극적으로는 귀한 열매를 길이 참는(마크로투몬[μακροθυμῶν]) 농부에게서 더욱 구체적으로 나타난다.

5:8 그 적용은 명백하다. 농부와 꼭 마찬가지로 모든 그리스도인은 길이 참고 마음을 굳건하게 해야 한다. 왜냐하면 주의 강림이 가깝기 때문이다. 주의 재림(파루시아[παρουσία])은 모든 신자에게 길이 참고 견디는 자극제가 되어야 한다.

5:9 야고보는 심판을 면하려면 번민하지 말라고 신자들에게 권한다. 왜냐하면 심판주가 문 밖에 서 계시기 때문이다. 그리스도의 빠른 강림에 대한 소망의 견지에서 볼 때, 신자들은 야고보가 이미 4장에서 언급한 바와 같이 서로 사소하게 다투는 것을 그만둬야 한다. 어린아이들이 학교 교실에서 선생님이 곧 오시는가를 잘 살피면서 기다리듯이, 하나님의 자녀들도 그리스도의 다시 오심을 경계하며 기다려야 한다. 그렇게 하는 데 있어서 선한 행동과 상호 조화는 필수다.

2. 인내의 본보기들(5:10~11)

5:10 야고보는 자신의 유대인 형제들에게, 주의 이름으로 말할 때 오래 참음으로(마크로투미아[μακροθυμία]. 참조, 7절) 고난을 견딘 선지자들을 생각하라고 권한다.

5:11 "보라 인내하는 자를 우리가 복되다(마카리조멘[μακαρίζομεν: 문자적으로 '행복한', 혹은 '운이 좋은']) 하나니." 그러고 나서 야고보는 잘 알려진, 그리고 높이 존경받는 인내의 본보기인 욥을 또 한 가지 모본으로 제시한다. 주님은 욥의 인내를 갑절의 축복으로 갚아주셨다(참조, 욥 42:12). 흥미롭게도 야고보는 욥이 마크로투미아(μακροθυμία: 인내)를 가졌다고 말하지 않고 휘포모넨(ὑπομονήν: 변치않음, 참음. 참조, 1:3; 골 1:11)을 가졌다고 말한다. 욥이 비록 하나님께는 인내하지 못했지만, 그는 오래 참으며 변치 않는 자세를 가지고 있었다.

야고보는 다음과 같이 요약한다. "주는 가장 자비하시고 긍휼히 여기시는 이시니라." '가장 자비하시고'는 복합 형용사로서(폴리스프랑크노스[πολύσπλαγχνός]: 폴리스[πολυς: 많은]와 스프랑크나[σπλανχνα: 가장 깊은 부분 혹은 감정의 자리]로부터 유래했다), 신약성경에서는 여기서만 사용된다. '긍휼히 여기는'이라는 단어도 누가복음 6:36과 여기서만 사용된 희귀한 형용사다.

3. 인내의 증거(5:12)

5:12 야고보는 결론을 내린다. "내 형제들아 무엇보다도 맹세하지 말

지니"(혹은 헛된 서약을 하지 말지니). 신자들에게 요구된 변함없는 자세와 인내함을 진정으로 나타내 보이는 자들에게는 자신들의 말이 확실하다는 사실을 보증하기 위해 하늘로나 땅으로나 맹세를 행할 필요가 없다('맹세'는 신성모독이 아니라 선서하는 것을 지칭한다). 말에 대한 보증으로 그렇다고 말할 때 그것이 '그렇다'가 되고, 아니라고 말할 때 그것이 '아니다'가 되는 것 말고는 아무것도 필요하지 않아야 한다(참조, 마 5:37). 문 밖에 서 계시는 심판자이신(9절) 주님의 빠른 강림이 이러한 정직성과 신뢰성에 대한 충분한 촉진제가 됨으로써, 정죄받음을(문자적으로 '심판에 떨어지는') 면해야 한다.

C. 기도를 함께 나누라(5:13~20)

야고보의 편지에 딱 어울리는 절정은 기도에 대한 강조다. 어떤 신자든지 다른 사람에게 베풀 수 있는 가장 큰 도움은 신실한 기도다. 기도는 관심을 가지고 있다는 사실에 대한 분명한 증거다. 기도는 아무리 복잡하고 어려워 보이는 요구라도 들어주실 수 있는 분과 연결된 '직통선'이다. 기도를 함께 나누기 위해 신자는 다른 사람의 필요에 민감해야 하고, 그러한 필요를 위해 열심히 간구해야 하며, 또한 그러한 필요의 중요성을 인식해야 한다.

1. 필요에 대해 민감한 자세(5:13)

5:13 오늘날 일반적인 교회들의 가장 큰 약점 두 가지는 아마도 기도와 찬송의 영역에서 나타날 것이다. 이러한 약점들의 원인은 민감하지 못한 데 있는 것 같다. 오늘날 교회 내에는 기도에 대한 엄청난 필요와 찬송할 엄청난 이유가 있다. 고난당하는 일이 생기면 기도가 뒤따라야 한다. 풍족한 상황이 생기면 찬송이 뒤따라야 한다. 야고보는 이러한 점들을 강조하기 위해 몇 가지 질문을 던진다. "너희 중에 고난당하는 자가 있느냐." '고난당하는'(카코파데이[$\kappa\alpha\kappa o\pi\alpha\theta\epsilon\hat{\iota}$: 병의 고통을 당하는]. 참조, 10절)은 어떤 원인으로 고통당하는 것을 의미한다. "즐거워하는 자가 있느냐. 그는 찬송할지니라." '찬송하다'(프살레토[$\psi\alpha\lambda\lambda\epsilon\tau\omega$])는 원래 '현악기를 연주하다'라는 의미다. 이 동사는 신약성경 전체를 통해 네 번밖에 사용되지 않는다(참조, 롬 15:9; 고전 14:15; 엡 5:19).

2. 필요에 따라 간구하는 자세(5:14~18)

5:14~15 야고보는 세 번째 질문을 던진 후 그 질문에 대해 자세하게 답하고 있다. "너희 중에 병든 자가 있느냐." 이 두 절로부터 굉장히 많은 오해가 생겼다. 어떤 이들은 본 구절을 인용해서 온전한 육체의 건강은 언제나 기도에 의해서만 얻을 수 있다고 가르치는 것 같다. 다른 이들은 본 구절이 '종부성사'(8세기에 생겨난 성례)에 대한 근거 구절이라고 생각해 왔다. 그뿐만 아니라 어떤 다른 이들은 야고보가 진술하는 절차를 오늘날 하나님의 도움을 기원하면서("그를 위하여 기도할지니

라") 약을 사용하는("기름을 바르며"), 즉 '기도 더하기 의사'라는 사고 방식과 연관시키려 노력해 왔다.

문제의 핵심은 야고보가 '병든 자'라고 했을 때 그가 의미한 대상이 누구인가다. 사실상 여기서 '병든 자'가 오로지 육체적인 병에 걸린 자만을 가리킨다고 간주할 이유는 전혀 없다. 아스데네이($\dot{\alpha}\sigma\theta\epsilon\nu\epsilon\hat{\iota}$)라는 단어는 문자적으로 '연약한'이라는 뜻을 가진다. 비록 이 단어가 복음서에서는 육체적 질병을 지칭하는 데 사용되었지만, 사도행전과 서신서에서는 일반적으로 연약한 믿음이나 연약한 양심을 지칭하는 데 사용되었다(참조, 행 20:35; 롬 6:19; 14:1; 고전 8:9~12). 본 절에서 이 단어를 '연약한'으로 이해해야 한다는 사실은 야고보서 5:15에서 역시 병든 자라고 번역된 또 다른 헬라어 단어 캄논타($\kappa\dot{\alpha}\mu\nu\text{o}\nu\tau\alpha$: 지친)가 사용되었다는 데서 더욱 분명해진다. 이 캄논타라는 단어는 신약성경 전체 중 히브리서 12:3에서 단 한 번 더 사용되었는데, 그곳에서도 이 단어의 '지친'이라는 의미를 강조한 것이 분명하다.

야고보는 여기서 노환으로 몸져누운 자나 질병에 걸린 자 혹은 건강이 나쁜 자를 지칭한 것이 아니다. 오히려 그는 고통 당하며 도덕적 영적으로 연약해진 자들에게 이 권고의 말을 썼다. 이러한 자들이 교회의 장로들에게 도움을 청해야 할 자들이다. 초대교회 지도자들은 "마음이 약한 자들을 격려하고 힘이 없는 자들(아스테논[$\dot{\alpha}\sigma\theta\epsilon\nu\hat{\omega}\nu$])을 붙들어 주라"는 명령을 받았다(살전 5:14).

야고보는 장로들이 "기름을 바르며 기도할지니라"라고 말한다. 여기서 '기름을 바른다'라는 단어가 크리아($\chi\rho\iota\alpha$: 의식적으로 기름을 붓다)가 아니고 알레이프산테스($\dot{\alpha}\lambda\epsilon\acute{\iota}\psi\alpha\nu\tau\epsilon\varsigma$: 기름으로 문지르다)라는 사실은 매우 중요하다. 알레이프산테스는 세속적인 단어인 데 반해 크리

아는 신성하고 종교적인 단어다(Richard Chenevix Trench, *Synonyms of the New Testament*, ninth ed. Reprint. Grand Rapids: Wm. B. Eerdmans Publishing Co., 1950, pp. 136-7). '따라서 야고보는 하나님의 치유의 수단으로서 의식상의 혹은 전례상의 기름 부음을 제안하는 것이 아니라, 단순히 경의를 표하거나 원기 회복이나 몸치장의 수단으로서 기름을 사용하는 일반 풍습을 지칭한다'(Daniel R. Hayden, "Calling the Elders to Rray," *Bibliotheca Sacra 138*. July September 1981: 264). 한 여인은 예수님의 발에 향유를 '부었다'(알레이포[ἀλείφω, 눅 7:38). 한 주인이 자기 손님의 머리에 '기름을 부었다'(알레이포, 눅 7:46). 금식하는 자는 슬픈 기색이나 몸치장이 덜 된 모습을 보여서는 안 되며 자기 머리에 '기름을 바르고'(알레이포) 얼굴을 씻어야 한다(마 6:17). 이와 같이 야고보의 논점은 장로들이 '약하고'(아스테네이[ἀσθενεῖ]) '지친'(캄논타[κάμνοντα]) 자들의 머리에 기름을 바르고 그들을 위해 기도함으로 그들의 원기를 회복시켜 주고 용기를 북돋워 주며 의기를 높여 줘야 한다는 것이다.

넘어지고 낙심하고 지친 신자에게 믿음의 회복이 약속되었으며, 믿음으로 드려진 장로들의 "기도는 병든 자를(문자적으로 '지친 자') 구원하리니(즉, 그를 낙심과 영적 패배감으로부터 회복시켜 주리니) 주께서 그를 일으키시리라."

여기서 문제가 되는 회복이 육체적인 회복이 아니라 영적 회복이라는 사실은 "혹시 죄를 범하였을지라도 사하심을 받으리라"는 확약에 의해 더욱더 분명해진다. 육체적으로 병든 수많은 그리스도인이 장로들을 청해 자기를 위해 기도하고 자기에게 기름 붓도록 했지만 그들 중 상당수가 병이 낫지 못하지 않았는가? 이러한 사실은 본 구절을 영적 회복보다는 육체적 회복에 적용되는 것으로 잘못 이해했음을 시사해 준다.

5:16 그 결론은 분명하다. "그러므로 너희 죄를 서로 고백하며 병이 낫기를 위하여 서로 기도하라." 서로 간에 갖는 상호 관심은 낙심과 타락을 대항해 싸우는 좋은 일이다. 그 치료 방법은 개인적으로 죄를 고백하고 서로를 위해 관심을 갖고 기도하는 데서 발견할 수 있다. 여기서 말하는 치유는 육체의 치유가 아니고 영혼의 치유다(이아테테[ἰαθῆτε]. 참조, 마 13:15; 히 12:13; 벧전 2:24). 그 치유함을 하나님으로부터 얻어 내는 것은 역사하는 힘이 많은 의인의 기도다. 이는 물론 야고보서의 맨 마지막 두 절과 연관되어 있다. 만일 야고보서 5:14~16이 육체적 치유를 언급한 것이라면 이 세 절은 그 앞뒤 절들과 동떨어지게 된다.

5:17~18 야고보는 그의 유대인 독자들에게 잘 알려져 있던 본보기를 다시 한 번 제시한다. 첫째 본보기는 선지자들이었고(10절) 둘째는 욥이었으며(11절) 이제 엘리야다. 야고보는 엘리야를 우리와 함께 고난받는 자라고 규정한다. "우리와 성정이 같은 사람"은 '우리와 같은 감정을 가진 사람' 혹은 '비슷한 고난을 당하는 사람'(호모이오파데스[ὁμοιπαθής]. 참조, 10, 13절의 카코파테이[κακοπαθεῖ])으로 번역될 수 있다. 엘리야는 인간 본성의 모든 약점을 알고 있었다. 그러나 '그는 기도 중에 기도했다'(프로슈케 프로슉사토[προσευχῇ προσηύξατο]). 다시 말해서 그는 간절히 기도했다. 그러자 비가 오지 않았으며 또한 다시 비가 왔다(왕상 17:1; 18:41~46). 간절하고 지속적인 기도는 필수다.

한편 의심하는 기도는 스스로 지는 기도다(참조, 1:6~8).

3. 필요의 중요성(5:19~20)

5:19~20 자기 독자들에 대한 야고보의 마지막 호소는 지치거나 진리에서 떠난 자들을 돕는 자들에게 부드러운 어조로 용기를 북돋워 주려는 것이 분명하다. 야고보는 말한다. "내 형제들아 너희 중에 미혹되어 진리를 떠난 자를 누가 돌아서게 하면 너희가 알 것은 죄인을 미혹된 길에서 돌아서게 하는 자가 그의 영혼을 사망에서 구원할 것이며 허다한 죄를 덮을 것임이라."

진리를 떠난 자들이란 교인 중 '병든 자들'이다. 그들은 방황하다 길을 잃은 자들이다. 여기서 헬라어 단어 '플라네테'($\pi\lambda\alpha\nu\eta\theta\hat{\eta}$)는 자신의 길을 잃고 아무 소망 없이 방황하는 자를 의미한다. 영어의 'planet'(유성)이라는 단어는 '플라네테'에서 유래된 말로, 다른 '고정된' 별과 달리 '유리하는 별'(참조, 유 13절)이라는 의미를 내포한다.

방황하는 자들은 무리 가운데로 되돌아와야 할 절박한 필요를 가진 자들이다. 야고보는 여기서 전도가 아니라 영적 회복을 언급한다. 구속이 아니라 영적 부흥이 문제다. 이 구조 작업은 지극히 중요하다. 길 잃은 양이 파멸에서 구조를 받으며, 자신의 죄(즉 구조한 자의 죄가 아니라 구조받은 자의 죄)가 마치 그 위에 천이 덮이는 것과 같이(참조, 벧전 4:8) 감추어진다. 이렇게 함으로써 그는 다시 영적 성숙의 길을 따라 전진해 갈 수 있게 된다.

야고보는 실천적 거룩함과 영적 성숙을 어떻게 성취할 것인지에 대해 분명한 교훈을 준다. 그가 제시하는 충고들은 그가 사랑하는 유대인 형제들의 양심을 찌르고 영혼을 흔들기 위한 것이다. 확고한 신념 위에 서라. 긍휼히 여기는 마음을 가지고 섬기라. 조심해서 말하라. 통회하는 마음으로 굴복하라. 관심을 가지고 서로 나누라. 신자는 하나님이 자기에게 요구하시는 성품의 사람이 되어야 하고, 하나님이 자기에게 요구하시는 일들을 행해 나가야 하며, 하나님이 자기에게 말하라고 요구하시는 대로 말해야 하고, 하나님이 자기에게 깨달으라고 요구하시는 대로 깨달아야 하며, 하나님이 자기에게 나누어 가지라고 요구하시는 것을 나눠 가져야 한다. 영적 성숙은 이처럼 삶의 모든 분야와 관련되어 있다.

참고 문헌

• Adamson, James B. *The Epistle of James*. The New International Commentary on the New Testament. Grand Rapids: Wm. B. Eerdmans Publishing Co., 1976.

• Barclay, William. *The Letters of James and Peter*. 2d ed. Philadelphia: Westmintster Press, 1960.

• Davids, Peter H. *The Epistle of James*. The New International Greek Testament Commentary. Grand Rapids: Wm. B. Eerdmans Rublishing Co., 1982.

• Gaebelein, Frank E. *The Practical Epistle of James*. Great Neck, N. Y.: Doniger and Raughley, 1955

• Harrop, clayton K. *The Letter of James*. Nashville: Convention Press, 1969.

• Hiebert D. Edmond. *The Epistle of James*. Chicago: Moody Press, 1979.

• Manton, Thomas. *A Practical Commentary or An Exposition with Notes on the Epistle of James*. London: John Gladding, 1840.

• Mayor, Joseph B. *The Epistle of St. James: The Greek Text with Introduction Notes and Comments*. Reprint. Grand Rapids: Baker Book House, 1978.

• Mitton, C. Leslie. *The Epistle of James*. London: Marshall, Morgon & Scott, 1966.

• Motyer, J. A. *The Tests of Faith*. London: InterVarsity Press, 1970.

• Oesterley, W. E. "The General Epistle of James." in *The Expositor's*

Greek Testament, vol. 4. Reprint. Grand Rapids: Wm. B. Eerdmans Publishing Co., 1976.

- Plumptre, E. H. *The General Epistle of St. James.* The Cambridge Greek Testament for Schools and Colleges. Cambridge: University Press, 1893.
- Reicke, Bo. *The Epistles of James, Peter, and Jude.* The Anchor Bible. Garden City, N. Y.: Doubleday & Co., 1964.
- Robertson, A. T. *Studies in the Epistle of James.* New York: George H. Doran, 1915.
- Ropes, James H. *A Critical and Exegetical Commentary on the Epistle of St. James.* The International Critical Commentary. Edinburgh: T. & T. Clark, 1916.
- Ross, Alexander. *The Epistles of James and John.* The New International Commentary on the New Testament. Grand Rapids: Wm. B. Eerdmans Publishing Co., 1954.
- Strauss, Lehman. *James Your Brother.* New York: Loizeaux Brothers, 1956.
- Tasker, R. V. G. *The General Epistle of James.* The Tyndale New Testament Commentaries. Grand Rapids: Wm. B. Eerdmans Publishing Co., 1957.
- Vaughan, Curtis. *James: Bible Study Commentary.* Grand Rapids: Zondervan Publishing House, 1974.